U0153778

思想的·睿智的·獨見的

經典名著文庫

學術評議

丘為君　吳惠林　宋鎮照　林玉体　邱燮友

洪漢鼎　孫效智　秦夢群　高明士　高宣揚

張光宇　張炳陽　陳秀蓉　陳思賢　陳清秀

陳鼓應　曾永義　黃光國　黃光雄　黃昆輝

黃政傑　楊維哲　葉海煙　葉國良　廖達琪

劉滄龍　黎建球　盧美貴　薛化元　謝宗林

簡成熙　顏厥安　(以姓氏筆畫排序)

策劃　楊榮川

五南圖書出版公司 印行

經典名著文庫

學術評議者簡介（依姓氏筆畫排序）

經典名著文庫153

論降低利息和提高貨幣價值的後果

Some Considerations of the Consequences
of the Lowering of Interest and
Raising the Value of Money

約翰·洛克 著
（John Locke）

李華夏 譯

經 典 永 恆 ‧ 名 著 常 在

五十週年的獻禮 ‧「經典名著文庫」出版緣起

　　五南，五十年了。半個世紀，人生旅程的一大半，我們走過來了。不敢說有多大成就，至少沒有凋零。

　　五南忝為學術出版的一員，在大專教材、學術專著、知識讀本已出版逾七千種之後，面對著當今圖書界媚俗的追逐、淺碟化的內容以及碎片化的資訊圖景當中，我們思索著：邁向百年的未來歷程裡，我們能為知識界、文化學術界作些什麼？在速食文化的生態下，有什麼值得讓人雋永品味的？

　　歷代經典‧當今名著，經過時間的洗禮，千錘百鍊，流傳至今，光芒耀人；不僅使我們能領悟前人的智慧，同時也增深加廣我們思考的深度與視野。十九世紀唯意志論開創者叔本華，在其〈論閱讀和書籍〉文中指出：「對任何時代所謂的暢銷書要持謹慎的態度。」他覺得讀書應該精挑細選，把時間用來閱讀那些「古今中外的偉大人物的著作」，閱讀那些「站在人類之巔的著作及享受不朽聲譽的人們的作品」。閱讀就要「讀原著」，是他的體悟。他甚至認為，閱讀經典原著，勝過於親炙教誨。他說：

　　「一個人的著作是這個人的思想菁華。所以，儘管
　　一個人具有偉大的思想能力，但閱讀這個人的著作
　　總會比與這個人的交往獲得更多的內容。就最重要

的方面而言，閱讀這些著作的確可以取代，甚至遠遠超過與這個人的近身交往。」

為什麼？原因正在於這些著作正是他思想的完整呈現，是他所有的思考、研究和學習的結果；而與這個人的交往卻是片斷的、支離的、隨機的。何況，想與之交談，如今時空，只能徒呼負負，空留神往而已。

三十歲就當芝加哥大學校長、四十六歲榮任名譽校長的赫欽斯（Robert M. Hutchins, 1899-1977），是力倡人文教育的大師。「教育要教真理」，是其名言，強調「經典就是人文教育最佳的方式」。他認為：

「西方學術思想傳遞下來的永恆學識，即那些不因時代變遷而有所減損其價值的古代經典及現代名著，乃是真正的文化菁華所在。」

這些經典在一定程度上代表西方文明發展的軌跡，故而他為大學擬訂了從柏拉圖的《理想國》，以至愛因斯坦的《相對論》，構成著名的「大學百本經典名著課程」。成為大學通識教育課程的典範。

歷代經典·當今名著，超越了時空，價值永恆。五南跟業界一樣，過去已偶有引進，但都未系統化的完整鋪陳。我們決心投入巨資，有計畫的系統梳選，成立「經典名著文庫」，希望收入古今中外思想性的、充滿睿智與獨見的經典、名著，包括：

- 歷經千百年的時間洗禮，依然耀明的著作。遠溯二千三百年前，亞里斯多德的《尼克瑪克倫理學》、柏拉圖的《理想國》，還有奧古斯丁的《懺悔錄》。
- 聲震寰宇、澤流遐裔的著作。西方哲學不用說，東方哲學中，我國的孔孟、老莊哲學，古印度毗耶娑（Vyāsa）的《薄伽梵歌》、日本鈴木大拙的《禪與心理分析》，都不缺漏。
- 成就一家之言，獨領風騷之名著。諸如伽森狄（Pierre Gassendi）與笛卡兒論戰的《對笛卡兒『沉思』的詰難》、達爾文（Darwin）的《物種起源》、米塞斯（Mises）的《人的行為》，以至當今印度獲得諾貝爾經濟學獎阿馬蒂亞・森（Amartya Sen）的《貧困與饑荒》，及法國當代的哲學家及漢學家余蓮（François Jullien）的《功效論》。

梳選的書目已超過七百種，初期計畫首為三百種。先從思想性的經典開始，漸次及於專業性的論著。「江山代有才人出，各領風騷數百年」，這是一項理想性的、永續性的巨大出版工程。不在意讀者的眾寡，只考慮它的學術價值，力求完整展現先哲思想的軌跡。雖然不符合商業經營模式的考量，但只要能為知識界開啟一片智慧之窗，營造一座百花綻放的世界文明公園，任君遨遊、取菁吸蜜、嘉惠學子，於願足矣！

最後，要感謝學界的支持與熱心參與。擔任「學術評議」的專家，義務的提供建言；各書「導讀」的撰寫者，不計代價地導引讀者進入堂奧；而著譯者日以繼夜，伏案疾書，更

是辛苦，感謝你們。也期待熱心文化傳承的智者參與耕耘，共同經營這座「世界文明公園」。如能得到廣大讀者的共鳴與滋潤，那麼經典永恆，名著常在。就不是夢想了！

總策劃　楊榮川

二〇一七年八月一日

「仔細觀察儘少臆測」的不列顛認識論倡導者——約翰・洛克

　　洛克的著作是了解現代西方世界智力氛圍的最佳現成導讀，他對知識力量之益處及尊崇的信念，使他贏得啟蒙運動第一哲學家的稱號，他創建一項哲學系統──英國不列顛認識論，綿延了三個世紀，也形塑了自由主義的經典表達方式，成為啟發1776年美國獨立的有力工具。這不得不從洛克身處的時代說起。

一、親逢內戰　新教庭訓　擁護議會

　　十七世紀正是英國資產階級革命（1640-1688）此起彼落的年代，洛克在新教徒家庭環境中長大，目睹父親不顧身處王黨勢力範圍，投奔議會軍（Parliamentarian）出任騎兵隊隊長參加1642年爆發的反封建專制的戰爭，1648年資產階級和新貴族結成同盟反對君主制度、封建貴族及主導統治的教會；又風聞革命人民在其就讀西敏中學附近的白廳廣場（Whitehall Palace Yard）處死英王查理一世（因學生不允親臨）；到克倫威爾（Cromwell）遠征愛爾蘭，宣布英國為共和國，再啟動英荷戰爭，不久蘇格蘭、愛爾蘭、英格蘭合併，遂使洛克傾向於議會民主，還寫了拉丁詩、英文詩獻給克倫威爾。

二、曾是文青　思索宗教　崇尚科學

　　洛克在牛津大學受教時對學校沿襲傳統所安排的課程，如亞里士多德（Aristotle）邏輯學等失去興趣，乃自行研讀培根（F. Bacon）、笛卡兒（R. Descartes）的著作。與洛爾（R. Lower）過從甚密，討論醫學和經驗哲學，且與波以耳（R. Boyle）研究人類血液，接受了波以耳許多科學概念，更進一

步熟悉笛卡兒的哲學思想。但也經常與同學、友人聚會討論問題及朗讀文學作品，包括他自己寫的《阿爾巴尼亞的奧羅塞皇帝》（*Orozes King of Albanial*），也常在反思宗教與君主專制的關係，國家干涉宗教事務的看法。在擔任道德學學監期間得對大學生做一系列演講，遂成後來《大自然法則的論文集》（*Essays on the Law of Nature*）。

三、憑醫遇貴　側身政治　初試啼聲

權重一時的艾胥利（Lord Ashley）勛爵（即後來的沙夫茨伯里伯爵），到牛津看兒子卻患病，經人推薦，洛克前往倫敦診治，不久即入居勛爵住宅，擔任其私人醫師及助理；彼此建立互信。因在憲政專制、新教徒繼承權、公民自由、宗教容忍、議會治理及英國經濟擴張方面有共同理念，遂替勛爵起草「宗教容忍」在國會上發表，且給勛爵肝臟的腫瘤植入一銀管子，以定時導流紓解疼痛，直至勛爵餘生都未取出。與此同時，洛克還給勛爵起草《卡羅萊納政府基本憲法》來推動北美殖民地的建立。

四、往來鴻儒　遊歷法國　決心改革

洛克在學術上有了地位也有了積蓄，開始進行一系列投資，也與當時的學者探討人類的心智，遂形成《人類悟性論》。洛克在成為英國皇家協會的成員後，與席頓罕（T. Sydenham）聯手進行研究，其基於仔細觀察儘少臆測的研究態度，開啟了洛克經驗論哲學。

勛爵晉升沙夫茨伯里伯爵後，因創辦「綠絲帶俱樂部」

聚集反對派貴族討論時局，加上英王查理二世頒布「信教自由令」想恢復天主教徒的政治權利，卻遭議會反對而未能實施，漸對伯爵不滿，洛克也因積勞成疾遂赴法國療養，在巴黎結識赫伯特（T. Herbert），即後來的第八代龐羅克爵士，又憑波以耳書面介紹結識迦桑狄（P. Gassendi, 1592-1655）派哲學家德洛內（G. de Launay）及貝爾尼艾（F. Bernier），後者是醫生，洛克療養期間和他的話題集中在他到東方待了十三年又去非洲衣索比亞（Ethiopia）旅行的沿途見聞多於醫道。洛克離開巴黎一路南行，更結識了「新教徒社區」，目睹法國農村的凋敝與法皇的奢侈，更下定決心改革君主制。返英後寫就《有關葡萄及橄欖的生長和栽培的報告》呈獻沙夫茨伯里伯爵。現名義上洛克雖是伯爵的祕書，卻是專責著書立說，發表他們的共同政見以製造輿論，並反對查理二世的哥哥詹姆士以羅馬天主教徒繼承王位。

五、捲入政爭　流亡荷蘭　堅定開放

　　沙夫特思貝里伯爵因不能協調英王與國會之間的利益衝突，遭罷黜、拘捕、受審，終被控以叛國，致逃往荷蘭。洛克旋也隨之出逃英國，在荷蘭和屬於抗議派（Remonstrants）的神學教授林保爵士一見如故。又得識拿騷親王且相偕遍遊荷蘭，見識到新興資本主義的思想開放及繁榮景象。1688年6月英國宮廷政變，史稱「光榮革命」，斯圖亞特（Stuart）王朝末代國王詹姆士二世逃往法國；翌年，洛克結束五年流亡生活。

六、重返故國　開啟擴張　關心幼教

洛克陪同瑪麗二世返英後，積極參與不同政治計畫，包括協助起草英國《權利法案》（*Bill of Right*）雖獲國會通過，但未實踐其主張的宗教容忍。1694年協助成立英格蘭銀行，本來全歐洲金融交易最重要的中心是在義大利，然後再轉至荷蘭，英國資產階級則決心將其轉至英國，以建立對世界的霸權。又因洛克親自體驗荷蘭資本主義經濟的活躍性，遂傾向經濟自由，於1695年組成貿易委員會以符合英國海外貿易和開拓殖民地的資產階級要求。洛克雖在西敏中學成績優異，但對體罰，尤其是對寄宿生的管教很不以為然，他主張家庭教師對教育青年學子的優越性。

正是在這背景下寫就本書，其本質是一說帖，想藉此影響英國國會否決將法定利率由百分之六降至百分之四的議案，雖不成功，但卻在經濟思想史上占有一席之地。重點有二：反對人為降低利息、反對提高鑄幣價值。書內提出了貨幣流通速度、劣幣驅逐良幣、貨幣幻覺、貨幣政策時滯、貿易經常帳的順逆決定資本帳（貨幣）流入及流出、總體經濟要能成長，著重的是實質生產力的提升，因此必須讓資金為生產事業所用，如讓資金持續投到土地就會壓縮到其他產業（貿易）成長所需的融資量能，這些現代人所耳熟能詳的概念。從書中的論據，洛克主張為維持貨幣穩定，宜採銀本位制。而貨幣既是交換的媒介、支付的手段、價值的貯藏、計算的單位又是國際貿易的結算工具，即隱含貨幣是舉足輕重的。總而言之，洛克是與封建社會相對立的資產階段社會法權觀念的經典表達者；洛克的哲學成了往後英國政治經濟體一切觀念的基礎。

目　錄

一封致國會議員的信

閣下，

　　這些有關鑄幣的想法，如您所知，大多寫在十二個月前；至於有關利息的其他想法則是多年前寫就的：我現在再次交到您手，任您以此和他人溝通（因為您將願意如此做）。如果，經過檢視，您仍認同這些想法，且覺得可將之出版，我必須請求您記得，您要為它的文體向世人負責，這種文體是一個人，為求真理不重修飾，其內容但求正確及易於了解而毫不顧忌寫給朋友的類型。自從您去年看過後，我就發現一些新的反對意見，而我業已盡力移除；我還特別想了個名為「評一篇獻給上議院諸議員及其他的論文」的印刷品，因為當一個人極力支持某一議題，自然不會放過有利於這一論點的傳播。就這一點我在此必須加上我剛從荷蘭得知的消息，荷蘭深受其將本身杜卡通（Ducatoons）幣和其他較好銀幣熔化後鑄成的基礎貨幣（先令，schillings）濫發之苦；已決定只鑄優質銀幣，直至奠定其新鑄幣基礎為止。

　　我了解您對國家的摯愛和關懷，讓您持續不斷盡力籌劃一切方法來服務國家；也不願忽視任何您認為或許有一點用處的事務，雖然向您提供的是才具最差的人，否則您就不會要求我找回有關降息至百分之四的舊文，這篇我早就拋諸腦後的文章，經過重新梳理後，我發現我現下的想法仍然和二十年前的想法幾近一樣，還是具有真理的呈現，不然我也不敢冒昧呈給您。即使我的想法是錯的，我敢保證我的意圖是對的，至於有

何疏漏之處,尚祈您見諒我用心之誠。

　　敬呈　閣下
1691 年 11 月 7 日

　　　　　　　　　　　您最謙卑的僕人

閣下，

　　我和利息之支付或收取毫無關係到不受利害及偏好之左右，故如果我不被無能與無知誤導所陷，我可望給您將利息降至百分之四這項法案的後果一個完整和清晰的評估。既蒙您樂於詢問我的意見，我將盡力以我最好的技巧，公平的陳述這項利息收益的本質。

壹、貨幣使用的價格是否能以法律來規範

　　首先要考慮的問題是貨幣使用的價格能否以法律來規範。就這個問題，我認為，一般都指出這顯然不可以。因為既然不可能制定一條法令，防阻一個人將其貨幣或財產送給他喜歡的人，同樣也不可能創出任何法令來防阻一位精於理財及轉移財貨之道的人，按照其具體狀況而必須支付的利率來借款（錢）供其運用。因為要記住，沒有人僅出於愉悅去借錢或支付利息：需錢孔急讓人甘付借錢的麻煩和費用：且和其短缺情況成正比，每個人都願不惜代價去擁有貨幣。我說，在這種情況下，不論您怎麼做，精於此道的人都會有辦法規避您法令的禁止條文並免於其罰則。如此一來，這樣的法律將有什麼不可避免的後果呢？

　　1. 它將使借款和貸款更難以進行；從而商貿（財富的基礎）將受阻。

　　2. 它將給那些最需要協助和幫忙的人形成一種傷害，我指的是寡婦和孤兒，及其他沒學到更為靈活之技藝和經營術的人們，他們的財產全賴手上的貨幣。他們很確定，尤其是孤

兒，除了法律所勉強允許的利息外，不會從其手中貨幣得到更
多的利潤了。

3. 它將大大提高銀行家及放高利貸者，還有其他類似專
業經紀人的優勢：這些精於根據當前商貿、貨幣及債務的情
況，貸放款項以取得其真實和自然的價值者，就會毫不失誤
的，經常提高利息到比法定利息高，來體現其真實價值。因為
人們發現將錢寄存在當他缺錢時保證可拿回的方便後，那些無
知和懶散的人，會爭相將錢交給這些眾所周知樂於接受，並且
在任何突發事故時，可從其取回一部或全部金額的人手上。

4. 我恐怕會將下列情事視為這樣一條法律可能後果之
一，即其可能帶來國內很大的偽誓罪；沒有比這項罪行更值得
立法者仔細去防止的，不僅僅是藉助懲罰那明顯且已證實的偽
誓罪；還要藉助盡可能的避免及減少發偽誓的誘惑。因為這類
誘惑力很強時（如人們為其自身利益而發偽誓時那樣），對隨
之而來的懲罰之恐懼就甚少有約束力；尤其是這項罪行難被證
實時更是如此。我認為在立法降息的情況下，就發生許多方法
以其他託辭而不是以利息來接受貨幣，來規避該法的規則和嚴
厲執行：人們將會彼此祕密信託和勾結，雖然有此嫌疑，除非
他們自己招供，卻永遠不被證實。我已聽到許多嚴肅又觀察入
微的人，對我們之間頻繁且已形成流行風氣的偽誓，其危害人
們的生命和財產，提出抱怨。真誠和誠實，尤其在所有鄭重向
天宣誓的場合，是社會的重要維繫力量：這就有賴行政長官的
智慧來維護且使得人們盡可能對之產生神聖和敬畏的心。但要
是宣誓頻率讓人們視之為法律的正式手續，或扭曲事實的習慣
（人們就其本身案件宣誓時常是如此）已將人們浸淫於偽誓

罪，且這項罪行伴隨其誘惑力已蔓延開來，並在某些案子幾乎成為風氣，社會（其維繫力量一旦解體）就不可能存續：一切勢必分崩離析及陷入混亂。依從前所觀察到這類情況，我有理由懷疑，就自身案子宣誓易於逐漸讓人們像其日常談話那樣不把這類宣誓當一回事；船主們通常是一群勤奮和嚴肅的人，而以其人數和地位來說，我可以假設他們和任何其他類別的人都同樣的誠實：可是，我透過和其他國家的商人交談，發現他們認為在這些國度裡，他們可隨意在海關宣誓到這種程度：我記得曾被告知，在海外某座商貿城鎮，一位被尊敬為嚴肅和公平的船長都不禁要說「願上帝禁止，海關宣誓是一項罪過」。我這樣說不是指責這類人，他們在我看來是和其他人一樣的不墮落；且我確信他們在英國必須受到呵護，並被視為英國臣民中最勤奮及最有益於社會的人。但我在此忍不住要提出來做例子，說明當為了與自身有關的事物經常宣誓，是有多危險的誘惑力。立法者值得經常注意和考量，維持誓言在人民心智中應有的崇高和神聖地位；這已受到宣誓的頻繁加上利益的左右所忽視，及風氣（鮮少不如此）唯利潤是圖，而永不可能實現。

　　如果我們考量給葡萄酒或絲織品，或其他非必需品定價有多難；在饑荒期間給糧食定價格是如何的不可能，或許就會體認法律不能防止人們收取高於法定的利率（貨幣的短缺是唯一能管制其價格的工具）。因為貨幣做為一項普遍的商品，且對商貿的必需性，猶如食物對於生命，每一個人必須以任何他出得起的價格來獲得它；當貨幣稀少時，不可避免價昂，且債務與商貿一樣已使借錢成為風氣。銀行家就是此事的顯明例子；早在很多年前，貨幣的匱乏在英國已使利率實際超過百分之

六，大多數沒有辦法將錢以多於百分之六放出，而保證自身不
受法律懲罰的人，就把錢交到銀行家手上，錢放在那裡，當他
們有比此更好的機會利用錢時可隨時取回。所以您所設立的利
率，對放款人不利，而對極少數不得不在沒有設限下負擔貨幣
所能容忍的價格之借款人也不利；唯一得利的是銀行家。假使
您調降利率到百分之四，借錢的商人，或貿易商不會比現時少
付絲毫的利息，但可能產生以下兩種惡果：一是借款人會付更
高的代價；二是留在國內啟動貿易的貨幣將會減少。因為那些
最多僅付百分之四的利息，而收入百分之六至百分之十或更多
利息的銀行家們，在此低利率下比現時較高利率更願將貨幣閒
置；如此一來，在商貿流通的貨幣更顯稀少而益顯匱乏；經此
壟斷，這類匱乏將使借款人付更高利率。銀行家們的經營手法
和管理再加上其他人的怠惰或缺乏技巧，遂使國家的財富很大
一部分落入銀行家的手裡，這從清查國庫時發現他們所欠的巨
額款項就知一二，有件匪夷所思卻是千真萬確的事：倫敦一個
私人金匠僅憑他單張票據（通常不過是由他其中的僕役簽出的
一張借據）竟一次取得超過一百一十萬英鎊的信貸。我假設該
行業仍以同樣理由維持這類操作：要是您以法律將利率降到那
地步，誰都不會想從銀行家拿到超過百分之四的利息，雖然那
些需錢用在商貿上的人，到時不會比現在更能在百分之五或六
借到錢，或某些人還甚至在百分之七或八的利率才借得到錢。
假使一旦法律允許人們以自己的貨幣謀得更多利潤，而他們手
上那時還擁有國家的現金如此大的份額，藉由這法律所能想到
的，唯有更將目前這些現金轉到倫巴德街（Lombard Street）
上（譯者按，此街乃倫敦銀行家聚集之地）。就有許多人以百

分之四或五借給銀行家而不願以百分之六借給別人。

　　所以如果令合法使用利率和自然使用利率相當接近（此處的自然使用，我指的是，就貨幣匱乏的現狀下，要是在貨幣均等分配情況所自然決定的利率）會降低借款人的貨幣利率，且確定讓貨幣分配更利於國家商貿；因為屆時人們依法獲許取得接近完全自然使用的利率，不會將貨幣帶到倫敦交給銀行家的手上，而是將貨幣借給他們在本國的鄰居，這才是貨幣理應方便商貿的地方。但倘若您降低使用利率，那些以提高利率為其利益所在的放款人，寧可以法定利率將貨幣借給銀行家，而不借給那些在法律失效時，確定付予完全自然利率，或更高利率的商人或士紳；因為有銀行家在把持，又有觸犯法律的危險。假設自然使用利率為百分之七，而法定利率為百分之六；那麼首先，貨幣擁有者不會為了賺這七分之一而冒受法律懲罰之險（這七分之一是他貨幣所能產生的最大收益）：銀行家也不會為了這百分之一的利得而冒險借款；有錢的人不會借給銀行家，因他在家鄉可合法賺得更好的利潤。一切危險就在此，如果您入不敷出的情況令自然使用利率提得過高，致您的商人不能靠其勞動生活，但您的富裕鄰國又如此廉價售貨給您，致您所得的回報，不足支付利息及維持生計，則您的商貿必受創。要從這種處境振興別無他途，唯靠普遍的節約和勤奮；或透過成為某些商品貿易的主宰，那是在世界上必須由您按您的利率來提供的商品，從別處是得不到供應的。

　　如今我想貨幣的自然利率有兩種方式提高：第一，當一個國家的貨幣是少到和其居民之間的債務不成比例。設若一萬英鎊就足以經營百慕達（Bermudas）的商貿，且十名最早的

殖民者帶去兩萬英鎊，借給那裡的一些商人和居民，他們靠著這些利得過活，用掉一萬英鎊，並讓這筆錢離開這個島。顯然，要是所有的債權人同時收回他們的貨幣，這會造成貨幣的匱乏，當那些用在商貿的貨幣必得從商人之手抽出以支付債務；或債務人需要貨幣且曝險於他們的債權人，利率也因此被提高。但這類所有或大部分的債權人同時收回他們的貨幣情事很少發生，除非某些重大及普遍危機出現，這遠比人們的債務增長到很大比例，經常造成借款人比能貸放的放款人多這種情況少見，而後者會使貨幣匱乏，繼而利率提高；其次，當貨幣相對於國家的商貿所占比例很少，自會持續升高貨幣的自然利率。因為在商貿中每一個人都根據其需要來尋求貨幣，且這類不符比例之情況常被感受到。因為，倘使英國人實欠一百萬總額，而在英格蘭恰有一百萬貨幣，則貨幣和債務呈相應比例，但要是需要兩百萬來推動商貿，就會有一百萬短缺，貨幣的價格會被提高，正如任何其他商品在市場上不夠供應一半顧客，即兩個買者面對一個賣者的情況一樣。

所以想藉助一項法律來有效降低貨幣利率的價格終歸徒勞，您或許合理的希望對貨幣如對房屋或船隻的租用設立一個固定費率，需要一艘船比失去市場來得重要的人，不會堅持以市場費率來租船，他會想盡辦法給船主保障，雖然費率受到法律的限制；同時，需要貨幣比失去航行或其貿易來得重要的人，願付貨幣的自然利率，且願採用能讓放款人不受法律制約的付款方式。所以，您的法案充其量只會增進借貸的技巧，而根本無法減輕借款人的負擔，借款人很可能為了借到錢，要更費事，走更遠的路，同時還付更高的代價；除非您僅是企圖干

預已訂好的抵押及契約，而事後透過一條法律，使合法訂立的交易無效（這是不可想像的），且將張三應有的東西給與李四，不為別的原因，只因為一個是借款人，另一個是放款人。

但，假設這條法律滿足其倡議者的企圖，並且這個法案是如此制定致強令貨幣的自然價格，且還能阻止任何人以高於百分之四的利率貸出，這顯然是辦不到。讓我們往下看該法律會有什麼後果。

1. 這將造成寡婦、孤兒及所有以貨幣為財產的人三分之一財產的損失，對大部分的人都將是非常艱苦的情況。國家的明白人都得謹慎考量，他們是否因此就一舉處罰及弄窮大部分以貨幣為財產的無辜之人，這些人有權依其貨幣之所值以賺利息（因為他們不能賺更多），一如地主有權依其土地所能生產的來出租其土地一樣。對沒犯任何罪行或過失的人科罰其三分之一財產，似乎是過於苛刻。

2. 這將對擁有貨幣的人造成可觀的損失及傷害，卻對王國完全沒好處。因為如此一來，商貿並未受限也沒妨礙我們本土商品和製造品的出口，對王國來說，本國人之間誰賺誰賠都無所謂。唯有那公共慈善心訓示說，法律應對那些最不能照顧自己的人給予最大的照顧。

3. 這將對借款的商人有利，因為要是他以百分之四的利率借款，而他的回報是百分之十二，他將擁有百分之八，及放款人得百分之四；可現在他們是平均分得百分之六。但如果商人和放款人兩者都是英國人，這對王國的商貿既無所得亦無所失，只不過一如我所說的，將除了貨幣之外沒有其他賴以維生的人，其三分之一的財產移轉到商人的荷包；而之所以這樣，

不是一方有功，或另一方犯錯。私人的利益，除非明顯對大眾有利，是不該為任何事情受如此的忽視及犧牲的。但在本事例中，情況恰好相反。擁有貨幣的人的這項損失將損害商貿：因為在如此的利潤和風險不成比例將阻撓放款；當我們考量鼓勵放款的後果時，我們就日益明白鼓勵放款可使國內的貨幣不致閒置，從而損害商貿。

4. 這將妨害商貿，因為要驅動多大的商貿就需一定比例的貨幣，多少貨幣因此閒置就減少多少商貿。現在還不能理性預期，但當風險愈大利得愈小（正如英國以低利率放款的情形），許多人將選擇在如此條件下窖藏起他們的貨幣，不願冒險放款國外。這對王國將是一種損失，這種損失現時在英國該首要予以注意。因為我們沒有礦山，也沒有任何其他方法取得或保有財富，只有商貿，我們的商貿有多少損失，我們的財富就必然隨之流失多少；而我們和鄰國之間的貿易失衡無可避免的帶走我們的貨幣，且很快讓我們掉入及處在貧窮的境界。黃金和白銀雖說用處不大，可他們能支配生活便利性；所以財富就在於黃金和白銀的充沛。

人人皆知唯獨礦山能提供金和銀，但也觀察到大多數蘊藏天然金和銀的國家都很窮。這些金屬的挖掘和提煉占用勞工，且耗損大量民力。中國就因為這理由採取不允許必須開採礦山的明智政策。因而也確實得要從礦山採出的金和銀，與透過商貿而來的同樣致富的這角度來正確考量。要想讓天平上較輕的一方勝過另一方，與其在王國輕的一方添加新重量，就比不上將這份加在較輕一方的重量從較重一方取下來得快，因為此舉是事半功倍，財富不在於擁有更多的金和銀，而在於我們所

擁有的比例較世界別國或鄰國多，如此一來我們就能獲得更多鄰國及鄰邦接觸不到的生活便利性，鄰近的王國及邦國只占有世界金和銀很小的比例，缺乏充裕和強盛的手段，也因此較為貧弱。假如透過新礦山的發現，世界金和銀的數量比現有的多一倍，這些鄰國所占比例理應多一倍，這些國家也都不比現在富裕。世界上的金和銀，我必須理解為那非埋藏在地下的，而是指已被挖掘出來為我們所占有在手上的，如果從此處考量，對商貿將會是一個不小的鼓勵，要是商貿能勤奮和技巧性經營，會是比任何其他路徑更為穩當和便捷的致富之道。

在沒有礦藏的國家，致富之道有二：不是征服，就是商業。羅馬人曾用第一種方法成為世界財富的主人；但我認為沒有人在目前的情況下，會輕率到懷有以武力來搜刮世界利潤的想法，及以被征服國的戰利品和進貢來支應政府開銷的基金，且以其剩餘來滿足人民的需要和對奢侈品與時髦取向的虛榮心。

所有我們致富或維持生計之道只剩商業。因為我們地勢的優越，加上我們人民的勤奮和習性，在海上大膽又技巧純熟，確實自然適於我們從事商業，英格蘭這個國家一直到現在都靠商業，商貿幾乎是放任自求多福，並僅得益於上述提到的天然優勢，帶給我們充裕和財富，且使這王國的地位，即使不比其任何鄰國優越也至少和其相等。自海運改良以來，如果貿易的利益更擴大且更為人所熟知，沒給我們帶來許多對手，我們的商貿毫無疑問沒有任何困難會依此持續下去；晚近某些政權令人錯愕的政策讓其他競爭者與我們加入海上，這些競爭者在我們處理不當或貨幣匱乏，導致我們手中溜走這部分商貿，一定

會被其攫走，這部分商貿一旦錯失，要藉由不合時宜的補救，希望輕鬆挽回已為時過晚。因為商貿潮流，就像水流一樣，自成其渠道，一旦形成後想要使其改道可不容易，正如河流在兩岸間沖刷已深，要使其改道那樣困難。

因此，商貿是產生財富所必需的、貨幣是推動商貿所必需的。這是原則上要予以關注和照顧的。因為要是忽視這點，想透過我們之間的設計將我們僅有的一點貨幣從彼此手中轉來轉去，以求免於匱乏，將是徒勞：商貿的衰敗將很快耗盡所有的餘額；且那時，那些認為藉著利率的下降或許會提高其土地價值的土地擁有者將發現他們犯了嚴重錯誤，到了貨幣消失時（要是我們的商貿不予以維持必然如此），他既找不到租地的農場主，也找不到購買其土地的買者。所以，無論如何阻礙貨幣的放款傷害了商貿，且將貨幣的使用降到百分之四將使人不願放款，此舉會停止如此多的貨幣流來推動商貿的齒輪。對王國是一項損失，但這都基於一個假設，放款人和借款人同是英國人。

倘若放款人是外國人，透過利率從百分之六降到百分之四，您將給王國省下我們每年付與外國人利息的三分之一：這讓任何人都視其為可觀的數目。但在利率降到百分之四時，很可能有其中之一的情形會發生。您要不使您的國產商品的價格下跌，要不減少您的商貿；再不然就是如您意圖的防止高利率。因為在降低您利率的同時，您缺少貨幣來從事商貿，或您不缺貨幣。如果您不缺貨幣，就毋須防止以高利率向鄰國借款。因為沒有國家會向其鄰國借款，除非為了商貿而需要貨幣：沒有人會向外國人多借貨幣讓其閒置。要是您確實缺少貨

幣，必需性仍將令您向您能借到貨幣的地方，且以您的必需性而不是您的法律利率去借；否則，如果貨幣匱乏，必然妨害商人的採買和出口，及工匠的製造。如此一來王國經此的得或失（商人無疑透過低利率一直都得利）只能看付給外國人的利息帶走我們貨幣（設定外國商品的消費量仍然一樣），比貨幣匱乏和我們商貿停頓使我們帶進來的貨幣，來得多或少而定，後者阻礙了我們的利得，只能根據那些知道我們從外國人借入多少貨幣及多少利率，且還得知悉我們從這筆貨幣在商貿上的獲利情況之人才能估算。

向外國人支付利息借款確實會帶走我們某些利得，但經過驗證就會發現我們之所以日益富裕或貧窮，並不完全取決於我們有沒有支付利息借款，而取決於此借款比我們消費商品的進口或出口來得多或少。因為假如兩百萬英鎊貨幣就能驅動英國的商貿，且我們有足夠貨幣自己做到，要是我們用一百萬英鎊來消費我們自己的產品和製品及向外國買來的商品，而另一百萬英鎊則不予消費，卻用來賺取每年百分之十的回報。如此一來，我們必定每年更將富裕十萬英鎊，且我們的資本也將如此增加；但要是我們輸入的消費商品多於我們的輸出，我們的貨幣必然流出以支付，我們就日益貧窮。所以，設想不善節約致我們只剩一百萬英鎊資本，且以百分之六的利率去借另一百萬英鎊（這是必然，否則就會喪失我們一半的商貿）。設若我們消費一百萬英鎊，且仍從另一百萬英鎊賺百分之十的年回報率，王國雖要付每年六萬英鎊利息，但也每年賺四萬英鎊。職是之故，倘若商人的回報多於其付的利息（這必然如是，否則他不會從事商貿），且借來的貨幣全用來作商貿之用，致我們

的出口超過進口，王國透過此項借款的利得就等同於商人回報超過所付利息的利得。但要是我們借錢僅為了我們本身的開銷，我們既要為我們消費的商品支付貨幣，又要支付這筆貨幣的利息而變得加倍貧窮，即使商人因回報大於他的利息而一直得利。由此得知向外國人借款本身不會使王國變富或貧，因為兩者都有可能；但花費的貨幣超過我們農產品或製造品所支應的，就帶來貧困，而貧困帶來借款。

正因為貨幣是商貿所必需的，或許可從兩方面來考量。第一，當貨幣在支付給勞動者及地主的人手上時（因為貨幣的移動到此結束，在這些人之間無論通過誰的手，他只是一個中間人）且當這個人欠缺貨幣（舉例說，布商）該製造就無法完成，也因此商貿停頓及受損；第二，考量貨幣在消費者手上時，我在此將那些購買已製成商品供出口的商人也歸入消費者名下：設使他欠缺貨幣，則製成的商品價值就降低，接著王國在價格上有所損失。所以，即使利息被降低，您又不能讓外國人照您的條件放款，如此一來，不良後果只能落在您的地主和工匠身上；如果您的法律能迫使外國人只依您定的利率放款，或完全不放款，他們豈不是更有可能將貨幣帶回母國，且認為在其母國以百分之四利率放款比放款在衰敗中國家安全嗎？因為，當您的商人欠缺貨幣使您市場上的價格下跌，荷蘭人將發現他親自買您的商品比以百分之四利率放款給英國商人進行商貿更得利。且航海法案也不能令荷蘭人空手而來以阻撓他們的到來，因為，甚至現在就有人認為，許多人抨擊英國商人，其實是荷蘭以英國名義和別人進行商貿的因素。降低利率如使外國人撤回他們的任何貨幣，並阻撓您的民眾放款給商貿所需的

貨幣，王國將受損。

在一篇為降低利率而寫的文章裡，我發現其對外國人調走他們的貨幣有害於我們的商貿之論點是如此回應：外國人的貨幣不是以現成的鑄幣或金銀塊帶進本國的國土，而是以貨品或匯票；當償還時必然是以貨品或匯票，不會減少國土的貨幣。我不得不疑惑一位以貨幣和利率為題寫作的人如此直接的偏離商貿營運的主題。他說：外國人的貨幣不是以現成的鑄幣或金銀塊，而是以貨品或匯票帶進國土。那我們的金銀塊或貨幣從何而來？我知道我國不產黃金，生產甚少白銀，致英國現有十萬分之一的白銀都不是出自本島國的任何礦場。假如他意指那些在本國放款取利的荷蘭有錢人，沒有以金銀塊或鑄幣形式調來這裡：這或許是真或許是假；但兩者都無助於這位作者的論點。因為要是這位荷蘭人付貨幣給其從商的鄰居，且帶著那位商人的匯票到了英國，正如荷蘭人送來這筆貨幣一樣，之所以如此，荷蘭人確實使那位商人將後者在荷蘭欠他的貨幣留在英國，否則就會被帶走。這位作者說，不對，荷蘭人不將貨幣帶走，因為，他說，當以貨幣支付時必須以貨品或匯票返回。我們的法律確實規定，這筆款項不得以現成貨幣支付及出口，但這條法律就像圍籬困杜鵑一樣毫無效果。因為，要是我們不輸出貨品使荷蘭有人欠我們商人貨幣，如何能用匯票來支付呢？且以貨品來說，價值一百英鎊的貨品到哪裡都支付不了兩百英鎊的貨幣。我發現許多人在商貿上都犯上述的自欺，或許值得將這道理說得更明白一點。

讓我們假定英格蘭人口和現在一樣，其毛製品也維持同樣品質和現狀，一如目前，又假定我們完全沒有貨幣，卻每年

以值二十萬英鎊毛製品與實有一百萬貨幣的西班牙進行貿易；再假定我們從西班牙每年運回值十萬英鎊的油、酒及水果，且持續如此長達十年：很明顯，我們向彼方運了值兩百萬的毛製品，且運回值一百萬的油、酒及水果；但另外一百萬到哪去了呢？英國商人願損失這筆款項嗎？您或許確信他們不會願意，也不會在每年如得不到相應其輸出的回報還願貿易下去。那要如何得到回報呢？很明顯，是以貨幣。因為西班牙人在這項貿易中沒有在英格蘭擁有債權，也沒擁有任何債權的可能性，無法以匯票支付那另外一百萬的一分一毫；並且西班牙人沒有商品可讓我們在那每年十萬英鎊價值外多花，他們無法以商品支付，故其必然的結果是，我們與他們在貿易上每年十萬英鎊的順差必須以貨幣支付給我們；如此一來到了十年終了，他們的一百萬貨幣就將全帶入英格蘭（雖然他們的法律令輸出貨幣定為死罪）；事實上，透過這項貿易的順差，我們貨幣絕大一部分是從西班牙帶進英格蘭的。

讓我們設想我們現擁有這一百萬貨幣，且每年向世界不同地方從英格蘭輸出值一百萬的消費性商品，但每年輸入值一百一十萬英鎊的商品供我們自己消費。要是此種方式的貿易持續操作十年，很明顯，我們的一百萬貨幣在十年結束時將無可避免的，從我們流向他方，一如貨幣流向我們的情形一樣，也就是說，透過他們對我們的貿易順差。由於我們每年輸入商品多於我們出口十萬英鎊，且沒有外國人願每年無償給我們十萬英鎊，無可避免的，每年十萬英鎊的貨幣必須流出去支付我們的商品所不能償付的差額。說匯票將支付我們國外的債務是荒謬的：直到那種紙片可被製成流通鑄幣，否則是不可能的。

在國外沒有別人欠他貨幣的英國商人，不能期望在國外有人償付他的匯票。如果他有足夠的信用令其往來商人兌現他的匯票，這項支付不是償還英格蘭的債務，只是換了債權人。要是在貿易綜合收支上，英國商人欠外國人十萬或一百萬英鎊，如果商品不能償付，我們的貨幣必須流出，否則，我們的信用會受損，及我們的貿易停頓，且會受損。

　　一個王國變富，或變貧，和一個農場主的情況一樣，且沒有其他方式。讓我們設想整個波特蘭（Portland）島成一個農場，且這個擁有者除去其家庭自用外，將其波特蘭農場每年生產及製造的牲畜、穀物、奶油、乳酪、羊毛或布匹、鉛與錫，值一千英鎊的商品，帶到韋茅斯（Weymouth）及多徹斯特（Dorchester）等地的市場上賣，並向該處帶回值九百英鎊的鹽、酒、油、香料、麻布與絲綢，及餘下的一百英鎊貨幣。很明顯，他每年增富一百英鎊，從而到了十年終了將清清楚楚得到一千英鎊。要是擁有者是位勤儉持家的人，且滿足於本土商品，少買市場上的酒、香料與絲綢，如此一來每年帶回五百英鎊的貨幣，到了十年終了，他身邊將得到五千英鎊而不是一千英鎊，因而變得更富。他死後，他的兒子繼承，這是一位愛好時尚的年輕紳士，每頓飯不能沒有香檳與勃根地（Burgundy）葡萄酒，只睡錦緞床鋪，他的妻子非長曳的錦緞裙擺不穿，他的孩子則總穿最新穎的法國物料和法國剪裁的服飾。自接手產業始，他使家庭忙碌得很來勁，每周常去市場，其農場的商品像以前一樣，運到市場上販賣，但帶回的就有點不一樣，他和家庭的時尚飲食、用具與穿著方式，要求的糖與香料、酒和水果、絲綢及緞帶比起他父親在世時多得多，於是現在他帶回家

的消費品不再是每年九百英鎊而是一千一百英鎊。這會有什麼後果？他生活光鮮亮麗，是事實，但如此一來不可避免的將他父親賺得的貨幣耗盡，且他每年都比以前少一百英鎊。在入不敷出的狀況下，加上他僕役之間的縱慾、懶散及爭吵，使得他的製造業受到干擾、營運被忽視、整個家庭和農場處於普遍失序和混亂之中，此種情形將令他更快走下坡路，且靠他父親勤奮、節儉和良好自律所剩下的資金將很快消耗殆盡，而他也快入獄。一個農場和一個王國在這方面之差異僅在於大和小。我們或許進行貿易也很忙碌，但除非我們管制開銷，否則也會因此而變窮；要是我們還怠惰、疏忽、不誠、心懷不軌且干擾那些勤勞和認真做事的人，不論有什麼藉口，我們將很快毀於一旦。

所以不管這位作者，或任何他人會怎麼說，貨幣帶進英格蘭，只能靠在英格蘭消費的外國商品少於我們送往市場所能償付的貨品，別無他法；我們欠外國人的債務不能以匯票支付，直到我們的商品輸出在海上賣出產生貨幣，或在彼處有人欠我們某些商人的債務為止。因為除了貨幣或貨幣之所值沒有別的東西可償付債務，在紙上寫了幾行字一定不能。如若類似票據有其固有價值，且能替代貨幣功能，那我們何不將其送往市場以較方便的條件購買我們所要的商品，卻要用布匹、鉛錫呢？一張匯票所能做的是指示貨幣在國外要付誰，或借給誰；要是我們溯源起來，我們將發現，這些已存的欠款是從此地運去的商品或貨幣，要是借款（不管其間是換了多少的債權人）其最終必須以從此地運去貨幣或商品來償付，不然，此地的商人一定陷入破產。

我們已了解一個國家的財富和貨幣如何取得、保有或流失；也就是消費外國商品少於以商品或勞務所能支付的份額。這是在一般情況下如此，但當一個國家要運送補給品以維持海外強大軍隊和盟軍，財富就以更短及更敏銳的方式遞減。但這種狀況自從聖戰（譯按：指十字軍東征）或至少從航運及貿易改善以來，很少在英格蘭出現，英國的君王發覺透過海洋增強其實力及保障我們的航運和貿易，勝於以戰爭或征服歐亞大陸取得本王國的利益，在海洋以外花在軍隊的費用對我們的富裕或貧困毫無影響。接下來所要考量的是貨幣如何對商貿是必需的。

我覺得一定比例的貨幣對商貿是必需的理由在於，貨幣在其流通中驅動著某些商貿的齒輪，當其留在該管道時（因為某部分的貨幣不可避免的滴進不流動的池中）是由提供原物料土地的地主、對原物料加工的勞工、分配給需要這些物資的人之經紀商（即是商人及店主），和消費這些物資的消費者所共用。貨幣現對所有這類人都是必需的，既作為籌碼和抵押品，也因此甚至帶有結算和保證的作用，致誰接受貨幣，將隨時以它再來得到與貨幣等值的、他所想要的別種事物。貨幣起到結算作用是藉由它的標誌和面額，貨幣起到保證作用是藉由它的內在價值，也就是它的數量。

由於黃金和白銀的耐久性、稀少性及其難以偽造，讓人類同意賦予其想像的價值，使其作為普遍認同的共同抵押品，致人們在交換時一定可以放棄該金屬的任何數量來取得等價的事物。經過此種方式逐漸形成該金屬所被認可的內在價值，其之所以成為共同的「以物易物」僅在於人們付出或接受的數量。

因為這些金屬作為貨幣並無其他價值，只不過是用來取得人們所想要或渴望的東西之抵押品，且其取得我們所想要或渴望的東西，只是靠其數量，很明顯，在商業使用的黃金和白銀其內在價值只是其數量，沒別的。

因此，一定比例貨幣對商貿的必需性不是基於貨幣作為籌碼之用，因為結算可藉文件來保持或移轉；而是基於貨幣作為文件所不能取代的抵押品作用：因為我從某人收到的票據、債券或其他借據，由於別的人不知道票據或債券是否為真或合法，也無從得知出票據給我的人是否誠實或負責，以致不會被接受作為保證，也因此不值得成為一項現成的抵押品、不能被公共權威當局視同如票據讓渡那樣的抵押品。因為法律不能賦予票據以人類普遍認同依附在金銀的內在價值。所以，很難讓外國人在支付中任何一部分接受您的票據或字據，雖然這些也許在您本國人民中是作為有價的報價來流通，即不太會因其易引起不可避免的懷疑、爭執及偽造，且需要眼睛或試金石以外之其他證明來向我們確定其為真及良好的保證，而阻擾其流通。可是這套做法即使可行，也不能使我們免於貧困，也正因其使我們感受不到我們的貧窮，這在大蕭條時確實會置我們於更不利，從而讓我們處於貧困境地。要是這種票據讓渡的方式在本國能一如阻擾它流通那樣變得如此容易、安全及普遍，雖說這樣做比讓我們任何部分的商貿因缺乏現成的抵押品而下降來得好，也比用利息向我們鄰國借貨幣來得好。

回到本題且說明一定比例貨幣對商貿的必要性。每個人必須至少在手上有如此多的貨幣，或在很短時間即時補充，以滿足那些供應他生活必需品或商貿的債權人。他沒有貨幣或信用

就無法取得必需品，信用就是在某段短時間內確定得到貨幣。因此商貿的先決條件是必須有如此多的貨幣來維持地主、勞動者及經紀商的信用：也就是說必須有現成的貨幣，或在稍後短時間內得到貨幣來持續交換物品及勞動。

這正好說明一定比例貨幣對商貿的必要性，但比例為何就難以確定，因為這不僅取決於貨幣的數量，也取決於其流通的快捷性。同一枚先令，有時在二十天內經手二十人，有時卻一連一百天留置在同一個人的手上。這使準確估計商貿所需貨幣數量成為不可能；但做一些可能的測算，我們就得考量每個人必須經常持有多少貨幣來作為進行商貿的先決條件。

首先，勞動者通常是隨掙隨花，確實從勞動者來考量，只要他們有足夠的貨幣買糧食、衣物及用具就能支應他們進行商貿的部分，這一切都有充分的供應，不需大金額貨幣留置在他們手上。由於勞動者一般每週領工資（要是發工資間隔較長，應需更多的貨幣來支應這部分的商貿）我們或可設想勞動者彼此之間或要發工資給他們的人中間會一直有相當於一週工資的現成貨幣。因為不能想像所有勞動者或大多數勞動者收到工資立即全數花光，然後再靠賒欠等至下一個發工資月。要是每一位勞動者都是如此，且每一位都靠賒欠，農場主和商人也負擔不起，所以他們手上必須持有貨幣去市場買糧食、去和他們一樣貧窮的商人買用具，也要存些貨幣買衣物或償付他們以賒欠買來的事物。我們很難想像這筆存在他們手上的必需貨幣大致上會少於一週工資很多，要嘛在他們的皮包，要嘛在農場主的手上準備著。因為不能假設以每天一先令工資僱用一位勞動者的人在每週六晚發工資時才在當天收到六先令，一般必須是不

時的放在他手上，如果不是發工資前一星期也得早幾天。

這是貨幣在一些商業管道運轉的日常流程，但現在可是崩潰中，且農場主在沒有貨幣支付給勞動者時，以穀物支應，因穀物充盈，勞動者以其自己的折算率來計算，否則不收穀物作為其工資。至於那些在我們製造廠工作，尤其是毛製品業的工人，布商由於沒有現成貨幣支付工資，乃提供生活必需品，且以商品來交換工人的勞動，這些商品不管好壞，工人都必須依其雇主的折算率來領取，不然就得坐著沒事及挨餓。當這種新式的獨占者或囤積居奇者以他們的倉庫（因為他們現擁有存著所有類別貨品的倉庫）餵養和供應這批為數眾多的工人時，就給貧困地主訂定價格。如此一來，市場被摧毀，且農場主不能再在那裡脫手他的奶油、乳酪、醃肉及穀物等等，以前他習於由此帶回現成貨幣，卻必須依獨占者定的時間和價格條件賣給他們；且允許這些物品以低於實際市場價格賣給他們自己按日計酬的勞動者。這對土地會有什麼影響，且在此情況下如何在季結日（Quarter-day）（譯按：當時英國是按四季來結算地租，即三月二十五、六月二十四、九月二十九、十二月二十五）支付地租是很容易理解的，這也難怪每天聽到農場主破產和逃亡。因為要是他們不能在市場上以他們的物品回收貨幣，是不可能支付他們的地主租金的。如果有人懷疑這是否屬實，我渴望他去打聽自從米迦勒節（Michaelmass）（譯按：是紀念米迦勒的節日，九月二十九日，為季結日之一）以來有多少西部的農場主破產和逃亡。貨幣匱乏到此種程度，從兩方面對土地發生作用。首先呈獨占的囤積居奇者不讓貨幣流入市場，且對其製造廠所僱用的工人供應必需品，將他的價格強加

在因找不到其他買主而放棄執行權利的農場主身上。且地主僱用來從事耕作的勞動者也對其所取的商品強行定價。因為本國缺少零工勞動者，他們必須被縱容，否則他們不替您工作，或不接受您的商品換他們的勞動。

第二，至於地主，因為他的租地人不能在季結日當天湊足他的地租，而必須逐漸湊集且存在身邊直至付款日，或向有這筆錢在身邊，也是逐日存儲這些貨幣的人商借，兩者實是同一件事，所以必須有如此多的貨幣存放一段時間。總體來說，凡以大筆金額支付的款項必須透過商貿的零售收入從各處湊集，否則就要將一大筆金額存置起來，這些都造成同樣或更多貨幣的留滯。還不止於此，為償還放款人借他的地租，他必須從售出其商品所進帳的貨幣中逐步湊集，這又使貨幣更大的留滯和匱乏：因為三月二十五日付給地主的借款理應在放款人借給租地人前就存放在放款人手上一段時間，且這筆三個月後還給借款人的貨幣也理應存放在租地人手上一段時日。地主通常也不是一收到他的地租就全花出去，而是依情況需要逐漸支應。將這些全都考慮進去，我們不得不假設地主和租地人之間必須至少一直存有土地年收益的四分之一在手上。確實，當考量英格蘭大部分地租都是在聖母節（Lady-day）和米迦勒節支付的，且我的租地人在三月二十五日付我地租的同一筆貨幣，不能在那段時間作為我鄰居從他的租地人收到的地租，更不用說其他國家更遙遠的地租了，如此看來，必須假設土地的年收入一半得用來支付地租。因此，與其說有些租地人破產且完全付不出地租，而別的租地人到季結日後二、三、四、五、六月⋯⋯才付地租，故地租不是全都同時支付，不如說商貿用的貨幣匱

乏。因為要是租地人沒付地主地租，後者必定也還不出放款人錢，放款人也償還不了他的債權人，如此層層相因，直到有人破產，且商貿因貨幣匱乏而衰落為止。但由於英格蘭相當一部分土地是在擁有者手上，他不在某特定日子支付或收到大筆款項；也因為我們此處不考量某一時間某人或某類人手上有多少貨幣（這是主要原因）；為的是在別的時間這些貨幣也許被分配到別的人手上，且用在商貿其他部門上；而是考量每一整年需要多少貨幣在手上，例如，某人手上一個月平均有三百英鎊，就被視為他三個月手上有一百鎊（依此等比類推），我認為我們或可假設土地年收入的四分之一要一直在地主或租地人手上。

在這裡，順帶說一句，我們或可觀察到，要是地租支付的間隔短於六個月，對商貿及進而對每個人都更有好處（因為更多貨幣會流通且較少的貨幣就可做生意）。現假定我以每年五十二英鎊租出一個農場。要是我的地租是每半年一付，就要一次整付二十六英鎊（如果是準時支付，若是不準時支付，缺多少就有多少貨幣為此目的閒置著，且商貿仍受阻撓）。在這二十六英鎊之中有很大一部分，從我的租地人的密罐中交到我手上前必然存放了一段時間：如果地租每季一付，每次只需十三英鎊，閒置的貨幣就少了，其存放的時間也短些：但若是每周一付，年租金五十二英鎊就只要二十先令，由此會有雙重利益。首先，用很少的貨幣就可推動一個國家的商貿。其次，閒置的貨幣就較少。當愈多的債務需以較長的間隔整筆償付，情況就必與此相反。

第三，至於經紀商，因為他們必須將透過零售得來的貨

幣閒置起來，以便到市場去購貨，或是在指定日期，通常是六個月，償付他們已到手貨品的款項，我們不能設想這筆款項平均而言會少於他們年收益的二十分之一。無論這些貨幣是他們自己的，或是欠別人的比這更多，都不是問題，只在於他們必須經常有這筆貨幣放在身邊，一般來說，至少是他們年收益的二十分之一。

確實，在某些大城鎮，銀行業者隨時可以收購票據，或以別的方式用高利率貸出短期貨幣，或許這些地方的商人不像其他沒有類似供給地方的商人一樣，被迫存有如此多的貨幣，但要是您考量到如此一來，銀行業者必須經常存置多少貨幣，其情況大致相同。

除了這筆總數，如果您加上各類國家級學者、婦女、賭徒，及大人物的卑賤僕役，還有一切類似對商貿沒一點貢獻的人，無論是作為地主、勞動者或經紀商，其不可免的經常放在身邊的那份貨幣，很難不認為，足以推動任何國家商貿的現成貨幣會少於勞動者工資的五十分之一，地主年收益的四分之一，及經紀商年收入的二十分之一。至少就以異常低的情況來說，很難想像少於該總數的一半，即現成貨幣少於勞動者年工資的百分之一、地主年收益的八分之一及經紀商年收入的四十分之一，就足以推動商貿數個齒輪，及維持商業應有的生動與旺盛狀態；任何國家短缺這項比例的現金有多少，商貿因貨幣匱乏所受的損害和阻礙就有多少。

但儘管這些衡量或許有誤，有一件事是明顯的，經紀商倍增會阻撓一國的商貿，藉著使貨幣流通的迴路加長，且在迴路有更多的停頓，以致回報必然更緩慢和微薄，而對商貿有害；

此外，經紀商吃掉商貿利得的很大份額，使得勞動者挨餓和地主貧困，而照顧這些人的利益是這個國家需要安頓好不可動搖的關切事項。

倘若確是如此，問題就回到一切鼓勵都應歸向技工，且盡可能安排到讓這些商品製造者也應販售及零售自己的商品，和盡量在國內透過這種方式而不經過很多手就交到最終的買主。就此而言，游手好閒的店主比賭徒更壞，他們不僅將一國如此多的貨幣長期持在手上，還令大眾付他們保管貨幣費。雖然，基於商貿的關係（以及其他理由）賭博也理應予以限制：因為賭徒為了他們的賭局，身旁留置大量貨幣，這在那裡是靜止不動的。因為即使賭徒的貨幣隨著其每擲一次骰子起起伏伏比任何貨幣轉手得頻繁，但對大眾來說，這些貨幣完全停滯，其流入商貿不會比他們花在飲食或穿著上的多。

討論至此，我們或可觀察製造業該受多少的鼓勵：因為這一部分商貿雖是最為可觀，卻需很少的貨幣來驅動，尤其是工匠精神比原物料值錢時更是如此。由於以勞動及手工藝者驅動的商貿，只要支付給他們年貨幣收入的五十分之一或二就足夠，但與我們純天然生長的商品有關的商貿，其所需的貨幣遠多於此比例。

也許有人會奇怪，既然對為了進行商貿，我已就地主、勞動者和經紀商手上需要多少貨幣作了估計（有多錯誤我可不知道），卻對我前已提及的消費者都沒著墨。就此，我如此回答，很少消費者既不是勞動者、經紀商也不是地主，致可予以忽略。因為那些直接依賴地主的人，像他的子女及僕役，既靠其土地的地租維生，都歸於其名下；其餘也如此看待。

　　藉由上面所說的情事，我們也許明白降低利率透過阻礙商貿所可能給我們帶來的損害，在報酬被評估和風險不成比例時，將使外國人把他們的貨幣調回母國，或您自己的子民不願放款。

　　降低貨幣到一低價位的另一個看似是真的後果，乍看之下，這項後果好像很有道理，我知曉很多非常幹練的人深信不疑，且我猜在當前，其對鼓吹這種改變的影響可不小，這就是降低利率將等比例提高一切其他物品的價值。因為貨幣作為用其所能購買到的一切其他事品之砝碼，貨幣像是在商業天平的另一端，當您從貨幣的價值取走多少，就是您加在用其交換到其他物品的價格多少，這看似一個自然的結果；提高任一物品的價格只不過是增加其以貨幣表示的價值，或降低貨幣的價值，這是同一件事。例如：令黃金價值降至白銀價值，一百基尼（Guinea；譯按：英貨幣舊制，基尼是金幣，先令是銀幣，一基尼值二十一先令）所能買到的羊毛、穀物或土地不會比一百先令多，所以，他們說，一旦降低貨幣的價值，其他物品的價格就將提高；且利率從百分之六降至百分之四就是拿掉貨幣如此多的價格，因此就降低貨幣的價值。

　　這種言之成理的推理方式很容易被發現其謬誤，當我們考量到量度貨幣與用其所能買到的任何物品等比的價值，是就我們所擁現成貨幣的數量較於那件物品及其售出的數量而言；或任何商品的價格起或落是取決於買者和賣者數量的比例，這指的是同件事；對一切可以買賣的物品，這項法則普遍適用，現雖因某些特別人士揮霍的愛好而有所減弱，唯這種揮霍的愛好從不構成商貿的可觀部分，致令任何在此項下的物品值得被認

為是該法則的一項例外。

任何物品的售出取決於其必需性或有用性，這是由愛好或時尚所指引的方便性或意見所決定。

任何商品的售出之增加或減少是視不同民眾在同一時間準備用國內多大一部分的流動現金而不用別的商品來定。這我們從時尚的變化就看得清楚。

我首先將從生活的必需品或便利品開始討論，再及於有利其消費的商品；且展示以這些物品來衡量的貨幣價值，只取決於貨幣的多或寡相較於這些物品的多或寡之比例，而不在於當時通過對借出貨幣的必要性、法律，或契約所定的利率為何；然後我將展示對土地來說，也是同樣情況。

藉由日常經驗，最確定的情事莫過於，人們寧願付出任何貨幣、數量來取得絕對需要的物品，而不願沒有它。且就這類物品而言，唯獨它們的稀少性來決定其價格。例如，假定半盎司白銀或半個克朗（Crown；譯按：英貨幣舊制一克朗等於五先令）現今在英格蘭值一蒲式耳小麥，但要是明年英格蘭大量短缺小麥，且一切其他食品都等比匱乏，五盎司白銀也許只能換到一蒲式耳小麥；因此以食物來衡量貨幣就少了十分之九，雖然以其他物品來衡量貨幣仍和以前同樣價值，只要這些物品維持其之前數量和消費的比例。

至於其他或多或少便利性物品的價值以貨幣來衡量也是依其增加及減少的比例來上揚或下降的，唯一的區別是，生活上絕對需要的物品必須不計代價擁有它，但便利性物品只有在其比別的便利品更為偏好才會擁有，所以任何一種這些商品的價值只有其數量較少且售出量較多（這取決於偏好其消費量比別

的物品更多）才會上漲。因為假如小麥和別的穀類大量欠缺之同時卻有可觀數量的燕麥，人們無疑會多付給較燕麥更有益健康、更可口及更方便的小麥；但由於燕麥也能充當維生的絕對必需品，且較為便宜即使有點不便利仍足抵銷缺點時，人們不會將所有的貨幣花在小麥而剝奪他們人生享用其他便利品的機會。在那時節，也許會發生以下的情事，去年可買到一蒲式耳小麥的半盎司白銀，今年只能買十分之一蒲式耳小麥；去年可買到三蒲式耳燕麥的半盎司白銀，今年仍買到一蒲式耳燕麥；且與此同時，去年可買到十五磅鉛的半盎司白銀仍能買到同等數量的鉛。所以白銀在同一時間就小麥而言比前一年少值十分之九；就燕麥而言，比前一年少值三分之二；就鉛而言，和以前同值。

職是之故，利率的降低或升高既不能立即使英國的土地、貨幣或任何種類商品比以前增加或減少，也就完全沒有改變貨幣以商品做衡量的價值。因為這項價值的衡量只是數量及售出量，後者是不會受利率的變動而立即變動的。只有利率的變動導致貨幣或商品在商貿上湧進或流出，從而使其在英國此地的比例和以前不一樣，利率的變動才和那些推動或阻礙商貿的一切其他物品一樣可能改變貨幣以商品作為衡量的價值。但這不是此刻要予以考量的。

貨幣以消費品作為衡量的價值就是如此完美，但為了更好地全方位了解貨幣以消費品和土地作為衡量的價值，我們必須考量：首先，土地的價值在於其恆常生產可銷售的商品而帶來每年一定的收入；其二，商品的價值在於其作為可攜帶及有用的物品，經由它們的交換或消費，提供生活上的必需品或便

利品。其三，貨幣有與上述相應的雙重價值，第一，它能經由利息給我們產生一筆年收入，在這一方面它有土地的性質（一種收入被稱為地租，另一種被稱為利息）兩者的差別只是：土地因有不同的土壤，致有的肥沃、有的貧瘠；且其產出就他們的種類、良好度和銷路而言非常多樣，故不能透過其數量來作任何固定的預估；但貨幣恆常如此，提供全國同樣產出種類的利息，致其能由行政長官規定一個固定的年率；但土地不能。雖然因貨幣法定值的一致性，一百英鎊的合法貨幣在整個英格蘭的流通現值和任何別的一百英鎊合法貨幣相等（因為依據法律，任何一百英鎊在每一地方流通都和別的一百英鎊代表等值的貨品或債務），致能比土地有其更好的年使用估價；可是涉及變動中的需要及貨幣的必要性（這是隨一個國家的貨幣或商貿之增減而改變），是不能藉法律來固定貨幣的年使用率，正如不能固定土地的年租率一樣。要是所有魯姆尼沼澤的土地每一畝都同樣的好，也就是說，恆常產出同等數量、同樣好的乾草或草，當考量到每畝都是等值，其租金就能由法律來規定；且還可立法規定魯姆尼沼澤每畝地不得以超過年租金四十先令出租，正如一百英鎊不得以超過年息四鎊借出一樣。但沒有人因土地等值的理由，而認為魯姆尼沼澤的地租應由法律來規定是恰當的。因為假設魯姆尼沼澤或英格蘭所有的土地都同值，致任何一畝與任何別畝同期比較就其產出而言都同等的好；可是同一畝地在不同時期與其本身做比較，就地租而言卻不是等值。如果在亨利七世時，魯姆尼沼澤的地租曾根據當時評定的土地價值由法律規定，且在同一法律裡限定地租只能到每畝五先令而沿用至今，會是一件不合理的情事。這件事的荒謬性和

行不通，一旦提出，每個人都很明白，且內心已下結論：必讓這些事定出其自身的價格；有鑑於這些事的恆常易變性，不可能由人類先見來給這些恆常變動中的比例和用途（這兩者常規範其價值）制定法則和範圍。

那些不囿於其各別名稱來考量物品的人們，將發現貨幣一如所有別的商品易有同樣的變化及不平等的對待；不僅如此，隨著事物的遞嬗，時間就對價值的變化有所影響，貨幣的利率在任何國家來說比土地的地租更難以法律來規範。因為除商貿上的迅速變化外，貨幣可能被攜進或流出王國而土地不能，這一點也得加進去；以致今年確實值百分之六或八的利率，而去年卻只有百分之四。

其次，貨幣能透過交換讓我們購得生活上的必需品或便利品，而擁有價值，在這一方面貨幣具有商品的性質；區別僅在於它通常被我們用來交換，幾乎從不消費它。但，雖然人們使用貨幣不在於消費它，卻在用它和任何別的物品交換時，完全沒有比任何別的商品更具穩定的確定價值，而是一個更為熟悉且名符其實的數目及重量使我們能計算一件商品對另一種商品之稀少性及售出的比例。因為，如以前一樣，設想半盎司白銀去年換得一蒲式耳小麥或十五磅鉛，要是今年小麥比去年售出少了十倍，及鉛的售出量和去年一樣，半盎司白銀仍換得十五磅鉛，只能換得十分之一小麥不是很明顯嗎？而要用鉛的人將立即以半盎司的銀或十分之一蒲式耳的小麥換取十五磅的鉛，不會更多。所以，要是您說現在的貨幣比其去年少值十分之九，您也必須說保持過去和貨幣同等比例之鉛及一切別的物品亦如是。確實，首先最值得注意的是貨幣的變化，因為這是

人們用以計算的普遍措施，且被每個人用來估價一切物品的衡量尺度。由於稱半盎司白銀為半個克朗，當人們說半個克朗或兩先令六便士現在可買十分之一蒲式耳小麥時，他們說得很正確也容易被理解；但不會說，十五磅鉛現在可買十分之一蒲式耳小麥，因為鉛不是通常作為這類的計算；他們也不會說鉛比過去價值少，雖然以小麥作為衡量，鉛和銀一樣比過去少值十分之九：唯有先令的總數才讓我們更能判斷其所值；由於這些是被經常使用的衡量尺度，其觀念已深植在每個英國人的心智中。

我認為當貨幣在買與賣中從一人轉到另一人之手時，就是貨幣的真正價值，它一如任何別的商品那樣經歷高高低低的變化，因為您用等量的貨幣在某一時點去交換別的商品會比您在另一時點得到的要多或少。一個帶一蒲式耳小麥到市場的農場主和一個帶半個克朗的勞動者，將發現一個的貨幣和另一個的穀物所能買得到的皮革或食鹽有時多有時少，端看彼此之間何者較為充裕或欠缺而定。所以在以銀鑄幣交換任何別的商品（這是買和賣）和以鉛或小麥或任何其他的商品做交換一樣，都是決定換取著您所換得比例的同樣尺度。那決定價格的，即一定數量要換取貨幣（這稱為買和賣）、換取別的商品（這稱為物物交換），就是其商品數量和其售出量的比例，沒有別的。要是降低利率不能使您的銀幣更多，或您的小麥或別的商品更少，就對以銀幣換取較少小麥或別的商品完全沒任何影響，正如降低利率對以鉛換取較少小麥或任何別的商品完全沒任何影響一樣。

因此，貨幣在買和賣中與別的商品完全處於相同的條

件，且全受到同樣價值法則的制約，接下來讓我們了解貨幣如何透過產生一定的年收入，這我們稱之為利息或利率，而與土地具有同一性質。因為土地天然的產出一些有益於人類的新鮮及有利可圖的物品；而貨幣是一個了無生趣、產不出任何東西的物品，卻透過契約將一人的勞動成果（利潤）移轉到另一人的口袋裡。之所以有這種情況是貨幣的不均分配，這項分配不均對土地與貨幣都有同樣的影響。因為我擁有的貨幣多於我能或可用在買與賣之中的貨幣，使我能夠借出；且另一人需要如此之多的貨幣來經營商貿，使他願意借入。然則他是基於什麼考量來支付利息呢？這和租地人付您土地地租的理由是同樣的考量，正由於土地的分配不均（您擁有多於您能或願耕種，而別人少於）引租地人來租用您的土地；而同樣的貨幣分配不均（我擁有多於我能或願意運用，而別人少於）使租客來借我的貨幣。如此一來，由於借款人的勤勞，我的貨幣用於商貿產出超過百分之六給借款人，正如您的土地藉由租地人的勞動，易於產出多於其所付地租的水果一樣；也職是之故貨幣和土地一樣值得付與年租金。雖然要是放高利貸者不將貨幣借出去（假定他自己不運用它）就不能帶給他年利潤，且他的百分之六所得似乎為另一個勞動的成果，還有他所分得的另一人勞動的利潤卻沒有他將土地租給租地人所分得的多。因為沒有租地人的勤勞（假定擁有者一如既往不自己管理）他的土地不會給他產出利潤或不足掛齒。他所收到的地租占其租地人勞動成果比例遠大於百分之六的利息所占比例。一般說來，以百分之六借一千英鎊因而年付六十英鎊利息的人，經由他的勤勞一年所得超過其所付利息的利潤，比他以年地租六十英鎊租農場在扣除

地租後的所得多一倍，雖然他的勞動更辛苦些。

所以至為明顯，善於買賣卻沒足夠貨幣去經營的人不僅有理由借款來驅動其商貿以謀生計，也更有理由為這筆款項支付利息；正如那善於農耕卻沒自己土地去施行的人，不僅有理由去租地且支付貨幣來使用它。循此，用利息來借貨幣，不僅是事所必然和人類社會的體制，對某些人而言是不可避免的，同時從貨幣的出借收取利潤也和出租土地收取地租一樣的公平和合法，也更為借款人所能容忍，儘管有些過於謹慎的人有別的意見。

既然如此，人們就會期望利率該是土地價值依買地時的費用相當於多少年的收益來衡量的尺度；因為年收入一百鎊等於每年一百鎊直至永遠，且年收入一百英鎊是

當利率為百分之十的一千英鎊之積

當利率為百分之八的一千二百五十英鎊之積

當利率為百分之六的一千六百六十六英鎊或其左右之積

當利率為百分之五的二千英鎊之積

當利率為百分之四的二千五百英鎊之積

我認為人們會總結出土地應依下列利率等比例的年收益出售，即：

當貨幣利率為百分之十、八、六、五、四時依十、十二又二分之一、十六又三分之二、二十、二十五年的年收益售出。

但，經驗告訴我們，在伊莉莎白女王或詹姆士一世時期，當利率為百分之十時，土地並未依十年年收益的價格售出，在利率為百分之八時也沒依十二年半年收益的價格購進，也沒任何物品比以現在二十五年年收益的近乎低利買進土地有

更高收入（如果利率決定土地的價格屬實的話），因為很大一部分有錢人有良好保障下現在以百分之四借出貨幣。所以我們實際了解這項法則在國內是如何的行不通；且若觀察荷蘭就會發現當他們的利率下降時，土地的買價也沒上漲。這就無可置疑的確定法定利率從未能決定土地的價格，因為很清楚土地的價格從未在過去幾次以法律改變利率時隨著改變：如今全英國透過法律採同樣利率，各地的地價可曾相同？在某些地區土地的價格比其他地區經常多於四或五年年收益售出。您或我是否能道出其理由和這目前的問題無關：但事情確是如此，這個例子清楚駁倒那些藉口用有關貨幣利率的法律來提升及規範土地價格的人。

我將給您一些我的猜測，為什麼土地的價格不受貨幣利率的規範（像乍看之下似乎理應可以）？為什麼其不受法定利率的規範是顯而易見的，因為貨幣利率並不追隨法律的標準，只服從市場的價格；且人們不遵守法定和強制的貨幣利率，只依自然和現行的貨幣利率來調節其事務。但土地的價格為什麼不追隨現行的貨幣利率須進一步考量。

所有能買與賣的物品其價格的升與降是和買者或賣者孰多成比例。當賣者較多而買者頗少時，不論您有何技巧，要賣的物品一定便宜。另一方面，情況反轉，買者較多而賣者頗少，則同一物品將立即變貴。這項法則適用於土地和別的商品，這也是在英格蘭同一期間某些地方的土地值十七或十八年年收益，而在別的有利可圖的製造業地方卻值二十或三十年年收益的理由：因為在後者（人們以勤奮發財致富，且願意留下他們的地產給子女，因土地是最可靠及最持久的生活來源，並不

像貨幣在不從事商貿和不善理財的手裡易受折損）那裡經常有許多準備購地的買者，賣者卻少見。因為這一帶土地既已被這類勤奮且致富的人們所擁有，他們既不需要也不願意售地。在這種製造業地方，一個人的財富不是來自另一個人的揮霍及浪費，（像其他地區人們靠著土地的產出過著慵懶生活）人們的勤奮從遠方帶來財富的增加，毋須令鄰居窮困就發了大財。當致富的商人已得的貨幣超過其能妥當使用在商貿上時，他下一個念頭就是揀選土地來買，但它必須是在附近的地產可以在其眼底下及方便的距離以內，致照顧和享受其農場不會離開職責的羈絆，也離子女或他養育子女的商貿不太遠。在我看來，為什麼欣欣向榮的製造業所在的地方，其土地賣得比別的地方，像北方的哈里伐克斯（Hallifax）、西方的陶頓（Taunton）和埃賽特（Exeter），不僅快且賣價的年收益年數更多，其原因在此。

這就是說令土地和別的商品價昂的是買者多卻賣者少，反向的法則是賣者多而買者少，令土地價廉。

凡要正確估計任何物品價值的人必須考量其數量對其售出量的比例，因為唯此比例能規範價格。當任何物品其數量對其售出量比例較少時，其價值與其本身相較，或一固定尺度相較就會變大；但在用其與任何別的物品相較或交換時，後者的數量和售出量也必須在計算其價值時予以考慮。但，因為對貨幣的渴望幾乎在各地都常呈相同，其售出量甚少變化，唯當其大量匱乏就增高其價格，且提升爭奪因沒有其他物品能輕易取代貨幣的缺額。所以貨幣數量的減少常增高其價格，且令其同樣數量的貨幣換得更多任何別的物品。於是就得出一盎司白銀和

任何別的商品間絕無已定的比例價值：因為要不該國的貨幣數量有所改變，要不商品改變其數量對售出量的比例，它們之間相對價值改變了，即某種較少的物品換得另一種較多的物品，雖在日常談話中人們只會說商品的價格而不是貨幣的價格變了。例如，半盎司白銀在英格蘭有時換得一蒲式耳小麥，有時換得半蒲式耳，有時只換得四分之一蒲式耳，且無論白銀能給其擁有者帶來其重量每年百分之六的利息或一無所有，都能買得到；假設王國內的貨幣總數仍維持一樣，只有小麥的數量對其售出量的改變；或假設小麥的數量相較其售出量維持原樣，王國內貨幣數量有所改變，才會使小麥價格改變。因為要是您改變任何一方的數量或售出量，您立即改變了價格，此外世界上沒別的方法。

因為任何商品其任何良好質性的存在、添加、提高、或降低並不會使其價格高昂或低廉，只有使其數量或售出量相較於別的商品之比例擴大或減少，才能如此。藉助兩或三個例子就很容易呈現。

1. 任何物品中任何良好及有用質性的存在既不提高其價格，甚至還使它完全沒有任何價格，唯有降低其數量或增加其售出量，這是指彼此之間的比例而言，才能提高其價格。還有什麼物品比空氣及水對人們的存在或福祉更有用或必需？可是這類物品一般完全沒有價格，也不產出任何貨幣：因為其數量在世界上大多數地方都遠遠大於其銷量。但，一旦任何地方的水減少至和其消費量到某種比例時，就開始有價格，甚至有時賣得比酒還貴（由於空氣仍在各處毫無限制或毫無阻隔的提供，致沒有一處有任何價格）。因此，最好也最有用的物品通

常是最便宜的；雖然其消費量大，卻因上天的慷慨令其產出大到足以適應其消費。

2. 對任何商品添加優越性也不會提升其價格，除非這項優越性增加其消費量。因為，假設人們學會一種只用小麥做成能一試就靈治癒結石的藥方（這應予以發表讓每個人都知曉）：這肯定是穀物質性的發現，給予其非常可觀的優越性；但這不會增加二十蒲式耳小麥價格以毫釐，因為其售出量或數量並未由此而有任何可感覺程度的改變。

3. 提高任何一類物品任何良好質性也不能有更多的收益。因為雖然起毛草的球果今年比往年來得好，也不會貴上一丁點，除非該球果同時比往年少或其消費量較去年大。

4. 減少任何一類物品良好質性也不會降低其價格，這在蛇麻子（Hops；譯按：此為啤酒帶苦味的原料）就很清楚，蛇麻子在其質性最壞的年分通常最貴。但要是有一商品品種其缺點或可被某些商品補充，則其質性變壞確會降低其價格；因為壞的質性妨害其售出量。因為要是某年的裸麥普遍受黑穗病或發芽，毋庸置疑其比別的裸麥少賣錢，因為其缺陷或許以某種方法由小麥及別的穀物來彌補。但，要是某類商品其用途沒有其他已知的物品能替代，這就不是其質性的好與壞，而只是其數量及售出量，規範、決定其價值。

貳、利率不會讓貨幣換得任何較少的商品

現應用該道理到具有不同利率的貨幣上。貨幣固有的用途是被做為一種商品從此到彼的交換，利息所起的作用不過是透

過協議或公共權威部門,添加在貨幣天生所沒有年增百分之六的一個性能。如今要是公共權威部門降息到百分之四,這肯定降低了貨幣良好質性的三分之一。然而這不會讓英格蘭的貨幣有分毫的增加,也不會改變所有可供交換商品據以升降其價格的衡量尺度,所以改變貨幣利率並不會讓貨幣能換到的任何商品比沒改變利率時少。要是降低利率到百分之四能完全改變貨幣的數量,使其變少,將會讓其擁有一種商品的性質而變貴,即是說,少量的貨幣將會換到比前更多的其他商品數量。藉下列的細節也許較能說清這道理。

1. 任何物品其內在天然所值,在於其適於提供人類生活的必需品或便利性,其對我們的存在愈是必需或對我們的福祉愈有貢獻,其所值愈大,可是

2. 任何物品並沒有使其某一指定的數量常與任何其他物品某一指定數量等值的類似內在天然既定價值。

3. 任何指定數量的兩種或多種商品,當彼此能交換時,其市場價值在此時此地是相等的。例如,假設一蒲式耳小麥、兩蒲式耳大麥、三十磅鉛及一盎司白銀在市場上彼此交換,如此一來它們是等值的:英國人以我們的鑄幣來計算,就會說,現在一蒲式耳小麥、兩蒲式耳大麥、三十磅鉛及一盎司白銀與五先令等值。

4. 任何商品相較於別的商品或相較於一常設的公共衡量尺度,這種市場價值的改變並不是該商品任何內在價值或質性有所變動(因為某些時候,發霉的及有黑穗病的穀物比另一時期潔淨的及新鮮的穀物價昂),而是該商品對別類商品的某些比例有所改變。

5. 一切商品（貨幣是其中之一）的這項比例，是其數量對其售出量的比例。售出量無非是商品從一個擁有者在交換中轉給另一個擁有者；當任何一類商品在相同時段從其擁有者手中被拿走愈多就稱之為銷得快。

6. 任何適於銷售的商品被移出商貿途徑，及脫離公共商業且不復在商貿交易範圍內，之數量較多或較少時，其售出量就被規範了，即是說，使其較快或較慢的售出。因為，雖然任何商品不應如此快的從一人交換到另一人手中；但要是它們並沒有因此退出商貿和銷售，且沒有不再流轉，就完全不會造成或加速其售出量。但這種情況甚少或從未發生，以致幾乎沒有造成改變。

7. 物品被帶離市場或商業的手段，致其售出量有三種方式被改變：(1) 透過消費，當商品在其使用時被毀滅，例如：肉、飾品及衣物等等，所有如此消費掉的物品完全離開世界的貿易；(2) 透過輸出，所有如此被帶走的物品都離開英格蘭的商貿，英國人不再在乎就像其離開世界那樣，只關心他們自用的商品之間的價格；(3) 透過購買及堆積作為個人私用。由於任何這種方式而脫離市場的物品，且不再藉商業手段來移動，就不再成為任何可交易貨品的部分；因此就商貿而言，任何商品的數量就像其不存在那樣，不再予以考量。所有這三種最後都終結為一切商品的消費（唯有珠寶及金銀器餐具和其他少數不容易損壞的物品除外），且都可以很適當的放在此項下。獨占也對當前的售出量有一些影響，但只是占據任一商品的某些可觀部分（因為要是該商品全部被獨占，且為日常所用，價格就由獨占者予取予求），暫時隔離出商貿自由公共場所，後來

仍會回到市場銷售，對售出量的改變通常不像別的方式所帶來的敏感及普遍；可是當獨占延伸到該商品的很大部分且堆積時間愈久，其價格和售出量所受的影響就愈大。

8.大多數別的可攜帶式商品（珠寶、金銀器餐具等除外）在使用時很快就損壞，但貨幣比起其他大部分貨品不容易消耗也不易增加，即是說：其被帶離或攜進任一國家自由商貿的程度較慢；也因此其數量及售出量的比例，比大多數其他商品的比例要改變得慢，貨幣遂普遍被視為用來判斷一切物品價值的一個常設衡量尺度，尤其藉著鑄幣的重量及面額更適於作為常設衡量尺度。

9.當同一數量的貨幣在王國內商貿中流轉時，確實是衡量別的物品彼此間價值起伏的常設尺度：價格的改變確實只發生在它們之間。但要是您增加或減少目前在任何地方流動的貨幣數量，價值的變動就在貨幣，且要是同時小麥的售出量對數量比例不變，雖然小麥的售價會比前高或低，真正說來，是貨幣的價值變了而小麥的價值沒變。因為貨幣被視為其他商品的常設衡量尺度，人們以為並將貨幣說成好像仍是一個常設衡量尺度，雖然當其改變了數量時，顯然不是。

10.但所有商品的價值或價格（貨幣在商貿中流動也確是其中之一的商品）在於比例，您改變這項比例，無論您增加這一項商品或減少另一項商品，一如您改變所有其他比例一樣。

11.在所有其他商品的擁有者預備以它們進行交易時，都竭盡所能將它們脫手售出，即是說，透過消費、輸出或堆置將它們移出商業範圍；但，貨幣從不積壓在人們手中或急需售出（因為任何人當高興時都可離手做交換）；深謀遠慮的大眾及

私自所在意的是讓貨幣不被售出或消費，即是說，不被輸出（這是其正當的消費）；不被別人堆積（這是某種獨占）。是故其他商品有時較快有時較慢售出：因為沒人不是根據其對這些商品之所用來釋出貨幣，而這所用有其限度。但每一個人都無限制的隨時接受貨幣且保有在身邊，因為貨幣可是萬應丹；由此貨幣的售出量經常充足或超出許多。正是如此，僅其數量就足以規範及決定其價值，毋須像其他商品那樣考量其數量及售出量之間的任何比例。

12. 所以降低利率不會使任何國家的商貿或交換增加一便士的貨幣，反而從商貿中撤出貨幣，使其減少，完全不會降低其價值，及少買任何商品，反而買得更多。

13. 提高貨幣自然利率的結果和提高土地租金的結果是一樣的，即是，其易使管理土地的人每年帶來超過其租金更大的剩餘收益作為其勞動的回報。造成土地這種結果的原因，是相較於某特定水果的同樣售出量，有更多的產出量，或同等產出量相較於該項商品更多的售出量；但造成貨幣借款者利潤增加的原因是，總的來說，更少的貨幣數量相較於商貿量，或所有商品的售出量，反之亦然。

14. 正由於貨幣藉利率使其易於產生這樣一筆年收益，貨幣的自然價值取決於在王國當時流動的貨幣量與王國全部商貿，即所有商品的綜合售出量的比例。但在與任何一種商品交換時，貨幣的自然價值是專為該商品進行商貿的王國貨幣數量與該單一商品數量及其售出量之比例。雖然任何單獨一個人不管對貨幣或任何一類商品已知的需要及想望可能令他為得到貨幣或該項商品付出較高代價，但這究竟是一項特例，是不能同

時改變這一恆常及普遍的法則。

15. 設想小麥為一常設衡量尺度，換言之，與其售出量成比例的小麥數量恆常，我們將發現貨幣也和所有別的商品一樣，面臨同樣價值的多樣變動。目前英格蘭的小麥明顯扮演近似一常設衡量尺度，只要以亨利七世時期和當前小麥與別的商品、貨幣及土地的年收益對比一下就能了解。因為設想某人在亨利七世第一年以每畝年租金六便士，高額租金租出一百英畝給甲君，再以每畝一蒲式耳小麥，高額租金租出和前者土質及年收益相同的一百英畝給乙君（當時一蒲式耳小麥大約可賣到六便士），因此是一個等值的租金。要是這些租約能到未來都有效，那過去每畝付六便士年租金的人現在可要付每畝五十先令，過去每畝付一蒲式耳小麥的人如果現在承租的話可要付大約二十五英鎊年租金，這相當於土地的年收益價值。之所以如此的理由是，當前世界上的白銀比當年多了十倍（發現西印度使白銀充盈），現在的白銀只值當時價值的十分之一，即是說，白銀如今只換得十分之一與兩百年前產量對售出量比相同的任何其他商品；小麥在所有其他商品中最可能維持這相同的比例。因為小麥在英國和世界上類似的地方是恆常及最普遍的食物，不隨時尚有所變更，也不是偶然生長的，而是農場主或多或少的播種在扣除上一年為來年他們所用後的剩餘，盡可能猜測到與消費量接近的比例；且反之亦然，如果您將七或二十年合起來看，必然得出小麥產量與消費量的比例較任何物品的同樣比例最為接近（小麥的消費比別的商品更被人們所研究和注目），縱然或許由於季節的突發事件造成某年的豐收或歉收會使其與前一年或後一年有非常大的變動。所以小麥在世界這

一部分來說（及在任何其他國家作為恆常及普遍食物的穀類）
是在任何較長的時段評斷事物已變價值的最適衡量尺度，且此
地的小麥、土耳其的大米等等，是旨在成為所有未來世代維持
不變的地租一個最適保留的物品。但貨幣是在頗短年分衡量物
品已變價值的最佳尺度：因為其售出量不變，且其數量變化緩
慢。而小麥或任何其他穀類不能替代貨幣的功用，因為其體積
及其數量的改變太快。如果我有一張明年付我一百蒲式耳小麥
的債券，這或可讓我損失或賺得四分之三，這在商貿所冒的險
是太不對等及不確定，況且同一年裡不同批的小麥好壞參差不
齊。

　　16. 若任何島嶼和其餘的人類隔絕商貿往來，如果黃金及
白銀（或其他別的只要能耐久）作為其貨幣，要是他們只有一
特定數也不能再有更多，則其將成為所有其他物品價值的一種
穩定常設衡量尺度。

　　17. 要是在任何國家人們使用任何耐久性物質作為貨幣而
該物質再不能從別處得到，也因此不能有所增加，或由於其沒
有別的用途，其餘世界都不重視它，也因此不太會減少，這種
貨幣也會成為其他商品價值的一種穩定常設衡量尺度。

　　18. 在一個有如此常設衡量尺度的國家裡，任何這類貨幣
數量（只要其多到每人都有一些）會驅動任何商貿比例，不論
多或少，都足以作為計算的硬幣，且這擔保品的價值仍充分滿
足商品持續不斷增加的豐裕。但上述這三種情況皆建基於，假
設自從航海及商業已讓世界各地彼此熟悉且引進金及銀幣到世
界各地的貿易中，是不可能在人類的實踐中找到。它們毋寧讓
我們對貨幣本質有些認識，而不是在此傳授一種新的交易衡量

尺度。雖然有一件事是確定的，世界上孕育出黃金和白銀最多的地區，極少以其進行交換，且完全不用其作為貨幣。

19. 所以在與其餘世界有商業往來的國家裡，現在幾乎不可能不使用銀幣；既有此類貨幣且以此貨幣來記帳，就不可能有任何穩定的、不可變動的物品價值衡量尺度，因為當銀礦提供人類的白銀比其在使用中浪費和消耗的多，其數量較別的商品與日俱增，且其價值日益減少。

20. 在與其餘世界有公開商業往來，且和鄰國使用相同物質製成貨幣，不是任何數量的該類貨幣就可驅動任何數量的貿易；而是他們貨幣及貿易之間必須有一定的比例。之所以如此，是因為要使您進行貿易不遭損失，您的商品必須和鄰國同類商品的價格等價或至少接近：要是您的貨幣遠少於別國，這一點是辦不到的；因為在那種情況下，要不您的商品必須非常便宜賣出，要不您的貿易很大一部分必須停頓；別的國家裡，由於貨幣充裕致價值低使商品價格高，而本國卻沒足夠的貨幣（在它們換手時）來支付這種高價。貨幣的價值一般是指與全部的貿易成比例的世界所有貨幣數量：但在任何一個國家裡，貨幣的價值是指與當前貿易成比例的該國現有流通貨幣的數量。因此，假如現今英格蘭貨幣只有七年前的一半，且仍有和以前一樣多的商品年產量、生產商品的人手及分配商品的經紀商，而與我們做貿易的其餘世界卻有和其以前一樣多的貨幣（其實他們應有分到我們流失的貨幣而變多），於是很確定我們的地租有一半付不出、商品有一半賣不出去及勞動者有一半沒受僱，因此有一半貿易完全喪失；或是這些人每人為其商品及勞動必須比他們以前少收一半的貨幣，且在同一時間以同樣

勞動及同樣天然產出只相當我們的鄰國所收貨幣的一半。如此的貧困狀態雖然不致造成我們天然商品的匱乏，卻將會帶來這些不良後果。

(1) 將使我們的自然商品非常便宜賣出。

(2) 將使所有外國商品非常昂貴。

該兩者將令我們貧窮。因為商人以金及銀作為其衡量尺度，且考量在貨幣更為充裕的國家要取得外國商品花他多少貨幣（即多少盎司白銀），即較為便宜；也考量該商品在別國能給他帶來多少盎司白銀，除非同樣數量的白銀或以同樣多的白銀在此地買到我們的商品比在別處買到的多得多，不然就不會在此地脫手。所以我們在以國產交換外國商品時，我們支付的價值比任何貨幣更為充裕的其他國家多出一倍。這確實將使外國商品變貴且將遲早匱乏；假使外國商品不是絕對必需就不會帶給我們多嚴重的不方便。但，

(3) 此種情況危害到我們的人民，包括：手工匠、船員及軍人被吸走，這些人習於前往待遇最好的地方，而這種地方常是貨幣最充裕的；若在戰時必定帶來巨大苦難。

21. 各個國家間貨幣匯率的變化在某種程度上也確實取決於這項衡量尺度。因為就其內在所值或就世界普遍貿易來考量，此一盎司白銀常等於另一盎司白銀的價值，但在世界不同地區同一時間卻不具相同價值，而在相對於其商貿的貨幣最少的國家最有價值；所以人們在某處有能力付出二十盎司白銀，在別處只收到十八或十九盎司白銀。這還不是全部：想要找出匯率變化的源頭則必須考量貿易的失衡。這兩個原因一起規範世界所有商業的匯率，而在此兩者的情況，較高匯率都取決於

同一事物，即某國的貨幣比別國的貨幣更為充裕；兩者唯一的差別是在有貿易順差的國家會提升匯率到平價以上的情況下，該國擁有充裕貨幣的私商渴望移動貨幣至別國，但在全國都有充裕貨幣的國家，其富人提升匯率到平價以上的情況下，其商人在外國擁有的貨幣比其用於彼處商貿來得多（或債務，這是同一回事）且因此願將其國外的貨幣以百分之一、二、三等折扣交換在本國取得現款，至於折損多少，就等比於他或他同胞在國外貨幣的充裕程度、把貨幣留在外地的危險度，或將貨幣以硬幣帶回國內的困難度及他目前在國內需要貨幣的急迫度；其二，全國擁有的貨幣遠多於其善用於貿易上的貨幣，或至少比匯率在平價以下的鄰國就貨幣對貿易的比例上要來得大。

因為，假設英國和荷蘭之間的貿易收支相等，但荷蘭的貨幣比英國充裕（這表現在荷蘭自然利率的低及英國自然利率的高；且荷蘭的食品及勞動普遍的昂貴、而英國普遍的低廉），如果某甲在荷蘭擁有一萬英鎊，他可在英國透過放款取息或採購使這筆款項得利更豐，基於此項理由讓他有匯進英國的打算，當他付給在荷蘭的商人在英國交給他一萬英鎊的費用為當時荷蘭和英國之間的保險所值就屬可行。要是此舉發生在禁止金銀塊輸出的國家他必須付更多，因為，如果他以硬幣攜出所冒風險更大。有了這個基礎，或許禁止貨幣流出英國違者處罰有些用處，透過讓那些進口商品入我國比從我國出口商品多的國家提升匯率，從而留下一部分因他們的順差本要從我們這拿走的貨幣，雖然，要是我們處於貿易逆差，貨幣必會流出。

但，由於荷蘭商人不能在荷蘭收取某甲一萬英鎊貨幣，並在英國付給某甲一萬英鎊，除非他的順差使英國人欠他一萬

英鎊貨幣而他似乎不願接受商品。我認為貿易順差是任何國家主要提升匯率的因素，且在貨幣充裕的國家只有那些移作放款取息或在那花費的貨幣能如此提升匯率。雖然放款給外國人以取息完全不會改變國家之間的貿易收支，然確實能改變國家之間的匯率，因為本應隨著貿易順差而召回的貨幣卻因將其放出取息滯留在那，就像該順差已結算；猶如貿易收支已經改變。但這筆款項較之兩國間的綜合交易並不大，或至少改變較慢，也是商人而不是高利貸者規範匯率。我認為匯率是直接且主要取決於目前貿易收支，除非有某些偶發事件令大筆貨幣同時從此地匯往他地，這將在當下如同貿易失衡一樣提升匯率；且確實，當仔細檢視，通常並沒有什麼差別。

為能估算匯率平價的升降，了解據以計算及收取匯票費用，即兩國鑄幣中所含白銀量的內在價值是必需的。

參、土地的價格

閣下，如果我在考量貨幣時有點離題，請您寬恕，希望藉此細節能提供我們當前議題某些啟發。

回來談土地的價格，前面所討論的已清楚指出土地的年收益並不隨利率的下降而增加，且調降貨幣年收入百分之六到百分之四的良好質性不會立即使貨幣的價值與土地在進行交換時降到要多付三分之一：利率從百分之六降至百分之四不會提高地價從二十年收益升到三十年收益。土地價格和其他事物價格的起伏一樣大多取決於預備售出的土地數量，相較於為完成該項交易而準備的貨幣數量，或買者及賣者的人數，都是指同一

件事。因為一如我已解說的，眾多賣者及少數買者，即使降低利率，土地還是價廉。至少，制定法律以降低利率不會提高地價這件事是確定的，如此一來只會將貨幣驅往銀行業者手中，使國家更缺貨幣，這時倫敦附近地價偶而上揚，而較遠鄉間土地更少買者問津，致更為低廉。

既然土地低廉大多取決於賣者眾而買者寡，下一步所要探討的是何者令賣者眾？問題的答案很明顯，普遍不善節約及因之而來的債務，要是政府和宗教的疏忽，不良的示範及墮落的教育已導致放縱，且好逸圖樂及隨遇而安，讓人們以寅吃卯糧為時尚，債臺高築及債滾債對人們已是家常便飯，先是以其地產作保再出售。這就是人們一般出售其土地的原因，我認為除非抵押權已完全吞噬世襲的權利；而債務日益加重已迫使其無論願不願意都得放棄占有，不然想到出賣其祖產的人百中無一。何曾有過一塊乾淨且沒被抵押的地產備售的呢？一個致富的人鮮少將其土地轉成貨幣以圖高利，這種例子如此的少以致在考量賣者人數時甚少予計。

我認為這或許是伊莉莎白女王年代（當時穩健、樸實及勤奮使王國的財富日益增長）土地能維持其價格，且以比相應的貨幣利率折算為高的年收益率售出的原因，然後再將貨幣投入到致富的貿易，遂使自然利率比現在高得多，同時國會以法律規定的利率也比現在的高。

反過來是何原因使買地者寡？

1. 同樣的理由，不善節約。當商人按其收入的高峰過活，且虛榮地揮霍，即使其錢庫乾涸或使其過度流出，他很少會想到購置土地，買地是利得已充沛且滿足的結果：從事貿易

的人們很少想到將他們的貨幣用在土地，直至他們的利潤多於其貿易所能有效配置，及其閒置的錢袋充斥著他們的帳房時，才會清空貨幣來買地。

2. 另一件使買地者寡的事情，是存疑及不良的權利證書：一旦這些事情頻繁發生且有嚴重後果，不能期望那些擁有貨幣的人們，會比那些裝滿財貨的船隻在暗礁及流沙中冒險般，要去購置土地。當失事的殘骸及案例日復一日以失敗人數證明這種涉險是何其愚蠢且詭譎多變，這種海面少有船隻出現也就不足為奇了。

3. 貿易的普遍衰退會讓人們不願購地：因為這項衰退造成普世貧困的威脅，此類貧困必定首先且沉重落在土地上。那些給不知節儉地主提供財貨的商人，無論王國能否從他的貿易中得到好處，從不吝於為他的貨品求取貨幣得利；他寧願將他的貨幣運用在使他獲利的貿易上（因為商人或可從會令王國貧困的貿易中得利）而不投在土地上，他看見土地的地租正往下降，且在貿易的過程中預見地租很可能持續往下降。當一個國家正朝向衰敗及頹廢時，商人及擁有貨幣的人，無論您如何極盡所能，確定是最後挨餓的：觀察您之所及，任何國家所面臨走向頹廢的衰敗經常是首先全落在土地上，且雖然鄉村士紳（通常是根據其婚姻不動產繼承設定所給與的年收入無虞的生活著，且認定他的土地是這筆收入的不可動搖基金）不太傾向於如此想，但這仍是毋庸置疑的事實，他甚至得比商人本身更要關心貿易，且對如何妥善經營及維持更費心。因為，當貿易衰退將我們一部分貨幣帶離王國，而其餘是留在商人及中間商的手中時，他一定發現他無法制定法律，也沒有任何在國內移

轉財產的小技倆能再將貨幣流回他手上；但他的地租會下降，且他的收入日減，直至普遍的勤奮及樸實再加上一個有良好秩序的貿易使王國恢復原有的財貨及富饒為止。

順帶一提，如果我們仔細考量，或可讓我們明白稅課，無論如何設計，乃直接來自任何人的手，在一個以土地為其最大基金的國家，確實最大一部分終是落在土地上，不論人民主要以何維生，政府得以土地作為支撐：是的，或許會發現，那些看起來影響土地最少的稅課，確定和所有別的稅課一樣，大都落在地租上。這一點在徵收稅課時值得仔細考量，要是忽視它，將帶給鄉村士紳確定很快感覺到卻無法很快彌補的禍害。因為地租一旦下跌不易再調升。課在土地的稅賦似乎對地主是項煎熬，因為如此多的貨幣從他的口袋裡明顯流出：所以為減輕負擔，地主常將稅課加在商品上。但，要是他澈底考量這種做法且檢驗其效果，將會發現他是以非常昂貴的價格來購買這看來輕易的舉措：雖說他並沒立即從自己的口袋支付這項稅課，然而到了年終他將發現他的口袋比目前支付稅款更缺貨幣，加上地租的下降，這可是其揮之不去的、既定的及持續的禍害。

為說明白這一點，讓我們設想在英格蘭目前的情況下，其地租總額是一千兩百萬鎊，而政府的開銷及短缺要國會提供三百萬鎊，這筆帳要加在土地上。如此地主的四分之一年收益就立即從其口袋中流出。這是非常容易被感覺到的一種負擔。這位實際從其口袋支付貨幣，或從其每一季結算日的地租扣除這筆稅款的鄉村士紳，明白及非常敏銳察覺，如此一來從其地產中流出多少貨幣。雖說這是他年收益的四分之一，且是從每

年四百英鎊地產流出一百鎊,現在讓公共稅課公然取走,可這完全不影響支付高額地租者或轉租佃農所繳納的土地年租,不論他是全額付給國王或其地主,抑或支付一半或四分之一或完全不付給國王;何人來收取其到期的地租,對他而言都是一樣的:只要貿易順暢,他的商品暢銷,他就有能力支付其地租。這和付給封邑領主一種高的或低的主要地租一樣(譯按:主要地租指主要佃農所繳的地租;主要佃農是直接向封邑領主,特指封建時代唯一的最終地主──國王,租地的人),不會減少其農場的價值:不論土地是否對第三者支付年金,佃農的交易及利潤都是一樣的。我們在學院租約中看到,雖然學院佃農某些年付給學院的地租比另外年分,根據穀物的價格變化之地租,要多上五倍:然而轉租佃農絲毫感覺不到這種改變,也不會因為很大一部分地租從其地主分出找理由減其地租,所有這一切只是換人收租,並不對地產的年收益有任何影響;無論他付租金給誰或如何分派,都對租者年收益沒有分毫的增損。由此可明顯得知對土地課稅一點都不會降低地租。

但,設想某些鄉村士紳們為擺脫來自土地的負擔,就會認為在商品上籌措那三百萬英鎊讓土地免稅是合適的。首先得考量的是,既然公共短絀需要三百萬(該數目是借來討論,至於是三百萬或一百萬都指同樣事情)且必須如數繳入國王的錢庫,否則政府的經常開銷就得不到支援;而為了在商品上籌措此三百萬且如數繳進財政部,這必定得從全國臣民的口袋中拿出比三百萬要多得多。因為官吏在徵收這種性質的稅賦不可能沒有一大筆開銷來監督貿易的每筆細流,尤其在首次試徵。但,假設徵收商品稅不比課徵土地稅的開銷大,且只須繳付

三百萬，很明顯要從商品上徵得這筆款項，這些商品必須對消費者提高四分之一的價格，所以對使用商品的消費者來說，每一件商品都貴了四分之一。現讓我們看看長期而言，這四分之一誰必須支付，或落在何處。顯然商人及經紀商不願也不能支付，因為要是他為商品比以前多付四分之一，他將提高相對的價格出售商品。貧苦的勞動者及手工業者不能支付，因為他早已僅能糊口，當他所有食物、衣著及家庭用品都比以前多花四分之一，為了活下去，要嘛他的工資必須和事物的價格同漲；要嘛他不能靠其勞動維持他和家庭的生計，得向教區請求接濟；屆時土地得背負更重的負擔。要是勞動者的工資與上升的物價等比提高，而支付工資和一切其他物品多四分之一，卻在市場上只能以同樣或更低價格（由於稅賦加於其上使人們不那麼積極去購買）出售其穀物及羊毛的農場主必然降低其所付的租金或破產及棄其地主的債務不顧而逃。如此一來，土地的年價值就被往下拉。當佃農不能靠其商品籌措其地租，不是棄其地主的債務不顧而逃，就是不減租金無法繼續經營農場時，到了年底除了地主還有誰能支付稅賦呢？因為當農場的年開銷由於勞動者工資的增加而上揚，但其產出卻因稅賦加於其商品上而賤賣，農場主如何能在季結算日籌到他的租金呢？由此，有件事值得我們注意，在英國對外國商品課稅會提高其價格，且使進口商從其商品得更多利。但相反的，對本國產出及自製商品課稅會降低其價格，且使第一個賣者少得利。

之所以如此的理由很簡單。因為商人進口的無外乎您人民的必需品，或時尚的奢華能使他有銷路的商品，不僅使他的利得與商品上岸前他所花的成本及風險成等比，還要預期在其付

給任何加於商品之上的此地稅賦有貨幣利潤，並藉此提高商品
價格高於其稅課以謀利；且如果不能如此，他不會再進口該項
商品。因為這並非其農場的產出，要是他發現價格不能滿足其
期望，他不是非賣它不可，他會轉向在您市場上更好脫手的其
他貨品。商人絕不經營那些因您人民心情或時尚的改變而滯銷
的貨品。雖然他或許有時會被突然的改變所陷。但這在貿易的
過程中很少發生，且不致影響大部分的貿易。因為必需品仍得
有，且只要人們有貨幣或信用，時尚用品仍得有，不管其索價
多高，甚至因為它們昂貴而必須得有。由於造成您人民奢華時
尚的是虛榮心而不是實用，攀比的是誰有最好的，換言之，最
貴的物品，而不是最方便或最有用的物品。有多少我們看重的
或購買的物品，因為其來自中國及日本的高價，如果這些物品
是我們自己的製品或產出及普遍擁有，且不值錢，就會遭到蔑
視及忽略？我們自己商品中有幾種以合理的售價不是曾遭人嫌
棄，當以雙倍價格充當法國商品出售時，就獲搶購且引以為傲
嗎？故您絕不可認為提高時尚外國商品的價格將減少其銷路，
只要人們有任何途徑買得到，反而增加其銷路。法國酒在我們
當中已成一種流行時髦的飲料，且某人在款待其朋友或自己
用餐時，少了它幾乎要感到羞愧。記憶中法國酒的價格是從六
便士漲到兩先令，可曾妨礙人們飲用它嗎？沒有，相反的，正
因為他不惜代價飲用它，其生活方式乃受到讚賞：他寧可不惜
代價，也不願過得像無力或不懂如何妥善渡日，抑或不會善待
朋友的窮苦可憐蟲，或吝嗇居心不良的人。時尚大都不外乎炫
富，也因此凡符合這項要求的高價，毋寧是增加而非減少其銷
路。人所競逐及引以為榮的是商品的奢華而不是其有用性；當

人們能展示某樣稀有和外國的物品且不是其鄰居們買得起時，就會因此被視作或稱為過上好生活。

因此我們明白外國商品不會由於稅賦加於其上而跌價，因為商人除了時尚且愈貴愈暢銷的商品外，不必將任何商品引進您的市場。可相反的，您的地主被迫將其土地及產業所提供一般及常見的商品帶進市場，必須在那依他所能得到的價格出售。買者都知道這一點，且這些本土製商品很少被您人民喜愛，除了給他們極大方便的庶民或單純必需品外，別無任何可取，一旦對其課稅，每人都盡量少用這些商品，以便省下他的貨幣來購買其他必需品或作體面的開銷，如此一來，第一賣者所能賺取的價格將大為降低，也因而使生產這些產品的土地年價值下跌。

所以，要是對商品課稅確實明顯的影響到租金高的土地，同樣的也會影響到英格蘭所有其他土地，其理自明；且鄉村士紳如果希望藉對商品課稅來減輕其土地的負擔，將是以最壞的方式，也即是說，經由降低其地產的年價值，來增加他們自己的費用。在一個最大基金是土地的國家裡，希望政府的公共開支由任何別的事物支應是枉然的；最終還是以土地為終結。商人（隨您所能想）不願承擔、勞動者不能承擔，所以地主必須承擔：而他究竟直接以其終歸落腳之處予以承擔，或讓其透過降低其地租再落在他身上好，所有人都了解地租一旦下滑不易再起，就由他來考量。

荷蘭是被拿來作為以貿易負擔公共費用的一個例子，這可能是世界上唯一（除去一些很少的小型自由城市外）從此種做法獲益的地方。但一經細究將發現正好相反的情況，還明

白證實無論您如何課稅，每一處地方的土地都得依比例承擔較大部分的負擔，常說在荷蘭聯邦裡，政府的公共費用由貿易負擔。我承認確是如此，絕大部分的負擔落在貿易上，但土地有因此被寬免或卸下重負了嗎？絕無可能，反而是在許多地方有一半、別的地方有四分之一、另一些地方有八分之一的土地年收益沒有落進地主的口袋裡，要是我沒有被誤導，某些地方的土地並沒付稅；因此，我們或可這樣說，政府的公共費用非到土地不能承擔，是不會落在商品上的。負擔不可避免的首先落在土地上，當此負擔壓在土地到其不能有更多的產出，貿易必須引進以救急來支應政府，比同歸於沉淪來得好。但壓力經常首先落在土地上，且只要土地能承受得住，無論您如何課稅，都不可避免的承擔起來。有多少政府的公共費用是單由阿姆斯特丹的貿易支應的？我的記憶像是荷蘭聯邦政府所開徵的公共稅賦百分之三十六是由一個城鎮肩付的。但格爾德蘭（Guelderland）的土地有因此卸下重負嗎？讓任何一個人了解一下，在那土地比貿易量多的鄉村，村民的收入到底來自何方，鄉村士紳可曾靠其土地變富？而商人因其商業活動被課徵卻變窮困了呢？剛好相反，格爾德蘭是如此低微及現金不足，致阿姆斯特丹多年來不得不為他們承攬租稅，事實上，是支付格爾德蘭的稅賦。

儘管您想盡辦法力求依您所願去課稅，貿易商仍將其從他們自己的利得中轉嫁出去，商人負擔的稅賦總是最少，且最後才變窮。就荷蘭本身而言，我在想，其貿易負擔是如此之重，致土地地主或貿易商誰變得最富？他們之中誰最拮据且最缺貨幣呢？當土地被課稅時，國家或會致富，鄉村士紳會變富，且

他的地租會漲（本國確曾有過）；但我挑戰沒有任何人能給我舉出一個國家，既要課徵可觀的公共費用，而土地卻從未敏感的感受到負擔，且不用等比承擔其大部分的費用。

所以我們絕不能將地租的下滑或土地價格下降歸咎於高利率；也絕不能，由於不善節儉浪費我們的財富，希望藉由此類法律使地租和地價提高到其原來的價值。我誠惶誠恐的認為我們透過利率的下降要提升其價值是徒勞無功：這必須靠其他方法勝於管制利率來增加買者及減少賣者的人數，不然擁有土地的人將不能以他所想要的價格，找到小販去購買其土地或從其土地長出的穀物。

但，就算國會的法案能使利率降至百分之四，且這項降低立即提高購地者的支出，從二十年的年收益升到三十年的年收益；然而，宜否將之制定成法律或許是有疑問的，因為這對王國沒有好處。制定一個法律讓賣地的人能從買者得到五百英鎊而非四百英鎊，這對國家有什麼利潤可言？這確實會稍微改變我們國內英國人彼此之間在地貨幣的分配，但此舉既無助於維持我們已有的貨幣，也未能從國外帶進更多貨幣：這做為王國有關其財富的唯一重要情事，從門外漢的我們看來是國會唯一該關心的事。因為只要貨幣在國內，無論是在張三或李四手上，都無關緊要，關鍵是不論誰擁有貨幣，倘使能經此安排受到鼓勵將其投入貿易的流通中，以增進國家綜合資本及財富。

正如土地購買價格的這種增加對王國並無助益一樣，其對地主也沒好處，我認為地主既是承擔王國最大份額負擔的人，理該得到最大的照顧並享受法律（就公共福利方面）所能賦予他最多的特權及財富。請考量：藉增加支付年收益年數來提高

售地價格並沒給地主帶來好處，而是給放棄身為地主的人帶來好處。那些不再擁有土地的人持有更多貨幣，而擁有土地的人變得更窮。地主的真正利益是在其穀物、鮮肉及羊毛暢銷且賣到較高價格，這才確實是利潤，能連帶使地主受益，唯有如此才能提高地租，令占有土地者更富；而這只有透過我們財富的增加且引進更多貨幣到英格蘭才辦得到，至於降低利率且由此（要是降低利率能有此效果）提高土地買價不僅做不到這點，反而是明白及直接的阻礙我們財富的增加，也就是說，透過阻止外國人來此買地且在我們中間定居下來。於是我們蒙此雙重損失；首先，我們得不到他們的人，人民的增加是國力及財富兩者的增加；其次，我們喪失如此多的貨幣。因為，不管英國人為土地給另一個英國人多少貨幣，雖提高至四十年的年收益，對王國卻沒絲毫益處，然而一個在英國買地的外國人，不管他給多少，每一分都是國家的純利得：因為貨幣是純進款而沒有帶走任何物品，致每一分都是國家的完全利得，猶如從雲端掉下來一樣。

但，再進一步，若考量僅有土地的賣者得享利率降至百分之四，也不見得對其有利，除非透過降低利率，您能提高土地的價格到三十年收益，而這是完全不可能的：我想沒有人希望藉著利率降到百分之四找到肯以那種價格買他土地的小販。要是法律能規範利率，他們所擁有的都會變少，他們的土地價值也受損，貨幣從而被貶值。所以當試行這項法律時，有土地的人也不見得受惠。我想像一切這類企圖的結果最終就是如經驗將證明的，物品的價格不受法律規範，雖然法律在實施後確會給貿易帶來危害及不便，且讓您的事務失序。

要是利率確實不能由法律來規範，或要是由其可將利率降至百分之四也是弊多於利，然而應該（您將會說）完全不以法律來規範利率嗎？我不會如此說，因為：

1. 在借貸期間及寬限期時，應有一個公告的利率，要是雙方在契約上沒定好，法律須給出一項法則及司法行政法庭也得知道要允許付多少損害賠償。這都理應予以規範。

2. 在當前流轉現金的流向下（目前現金流幾乎全都落在倫敦，且相較之下被極少數人所獨占）有了公告利率，年輕人及缺貨幣的人或不易遭到豪奪及壓榨；且令那些精於翻雲覆雨及聯手的貨幣、經紀商，沒有太大及無限的權力，來掠奪借款人的無知或急需性。要是貨幣依據貿易的急迫性作更平等的分配在英格蘭的不同區域及大多數人的手上，就不會有那麼多上述的危險。

如果貨幣像土地一樣可被出租；或像穀物或羊毛一樣從其原主人處取得；且有眾所認同的良好保證來借它，貨幣大概就能以市場利率（這是真正的利率）借到，而該利率會是您貿易及財富的一個恆常標準尺度。但，當透過默許，某種壟斷已將此普遍的商品交到少數人手上時，這可需要規範，雖說在事態不斷變化及貨幣流向不定的情況下，是很難決定公告利率為何。一個合理的提議或許是，利率應落在這樣的界限內：一方面它不該完全吞掉商人及貿易商的利潤且挫傷他們的勤奮；另一方面也不該低到阻止人們冒險將貨幣交給他人手上，致寧願選擇讓其退出貿易，也不願為如此的小利來承擔風險。當利率太高時，就會阻止商人求利使他不願借款；當利率太低時就會阻止擁有貨幣的人獲利使他不願放款；兩者對貿易都有害。

　　但這項論述或許是太一般，且不夠嚴謹成為一項法則，讓我補充說明，要是單單考量貨幣及土地彼此之間的關係，目前百分之六利率或許是盡可能好的比例，百分之六的利率略比以二十年年收益算的地價高，但該地價非常接近英格蘭普遍的地價，後者從不超高或低過該地價太多。因為假設一百英鎊貨幣及年收益五英鎊的土地（這是以二十年年收益的地價），視為等值，要令他們的價值真正相等，就需要他們產生同等的收益，而一百英鎊以百分之五的利率放出似乎不能有此結果。

　　1. 因為貨幣比起土地，很多時候，且有時在很長時間都無利可圖。有利息的貨幣在返回擁有者手上時通常都閒置在那，直至他找到新的借款人且能再放款出去為止；而這段時間貨幣生產不出東西。土地就不會發生這種情事，即使土地是在地主手上或在租地人進入其農場前獲租人之同意，其所生長的產出還是歸入地主名下。雖然在施洗約翰節（譯按：即六月二十四日，亦稱夏至日）借款的人從不在報喜節（譯按：即三月十五日，紀念天使將基督降生告知聖母瑪利亞的節日）或稍後支付其利息，然在施洗約翰節租入農場的人卻很有理由在報喜節開始支付地租，好像他從那天起就進入農場那樣。

　　2. 除了貨幣沒有利潤收入的停滯期比土地來得長外，還有另外一個理由令放出貨幣的收益及利潤為何該稍高於土地的收益及利潤，那是因為放利的貨幣所冒的風險比土地放租高得多。借款人也許會破產，且捲款而逃，如此一來，不僅是到期的利息，就連所有未來的利潤及本金都永遠喪失。但在土地方面，人所能損失的只有到期的地租，而該項地租通常是以土地上的資財來做充分的保障，且要是租地人拖欠一些地租落

跑，土地仍在，是不能被帶走或喪失的。某人在密渡塞克斯
（Middlesex）以二十年期年收益地價買下年收益五英鎊的良
田，又在羅姆尼沼澤地或別的地方買下同樣年收益的土地，但
其位置處於被海水吞沒及完全流失的危險，這位買地人期望以
少於二十年年收益，比方十六年半年收益的價格來買這塊地不
能視為不合理。這就使它和以二十年年收益的價格買的地相當
了，而貨幣以百分之六利率放出是保障某人的貨幣不能回收的
不確定性宜允有一較大利潤的好處，因此英格蘭現在百分之六
的法定利率是由現行法則所能設定的合理及方便的利率，尤其
是當我們考量法律沒有要借款人付百分之六，僅限制放款人不
得多拿時，更是如此。所以要是法定利率一旦降低，擁有貨幣
的人確定會知悉，且他的利率也將隨之下降。

　　高利率被認為對貿易有些不利，但要是我們回顧，我們會
發現英格蘭從未像在伊莉莎白女王及詹姆士一世和查理一世時
期那樣的繁榮興盛且帶給英格蘭如此之多的財富，而那時的利
率是百分之十及百分之八。我不願說高利率是造成這局面的原
因，我寧可認為我們欣欣向榮的貿易是高利率的原因，每一個
人渴望著將貨幣投放在能獲利的商業上。但我認為我從這情況
或可合理推論出降低利率不是改善我們的貿易或財富的一個確
切辦法。

　　有關這點，我聽到有人說善於各式各樣促進貿易技巧的荷
蘭人，為了要在這方面及一切其他貿易增進上勝過我們，一直
在遵行這樣的法則，即每當我們在英格蘭將利率從百分之十降
到百分之八，他們立即在荷蘭將利率降到百分之四，且當我們
調低到百分之六，他們就再調到百分之三，以此來保持利率低

落給貿易帶來的優勢。這些人由此就下了定論說，利率的下滑將增進英格蘭的貿易。我對此的回答是，

1. 這些論據看起來像是針對目前狀況用以誤導那些輕易接受此說法的人，而不是基於真正理性及實際現況得出的。因為要是調降利率真的對貿易有利，為何荷蘭人如此恆常只對我們採取這措施，卻不對其某些別的鄰國採用該措施呢？荷蘭人和這些國家的商貿遠比或和我們同樣的密切。光憑這點就足以令人乍看之下懷疑其只為了掩人耳目，且是別有居心。因為，

2. 當我們在英格蘭本地將利率降至百分之八時，並沒發現荷蘭人在荷蘭以法律將利率降至百分之四，或當我們在英格蘭將利率減至百分之六時，在荷蘭並沒任何法律將利率限制在百分之三。的確，當約翰·德·懷特（John de Witt）主政荷蘭時，立下減低公共債務，且在身體力行償還一些債務及籌措貨幣，準備支付其餘債務時，曾行文通知所有的債權人說那些不願接受百分之四利率的人可來取回他們的貨幣。債權人在發現懷特是當真的，且不知道如何更好運用他們貨幣，遂接受他的條件將先前百分之五的利率改為百分之四，而如此一來（荷蘭大筆貸款是借給國家的）就這一意義上或可說當時利率是被降低了，但若要說這是藉由禁止採用高於百分之四利率的法律達成的，我可不承認，且要求這些人提出證據。確實，在這以後誰有良好的保障或可能以百分之三及百分之三點五的利率借到貨幣，但不是依靠任何法律而是自然利率。我也就教於熟悉荷蘭法律的人，去年（我懷疑今年仍然如此）人們是否不能依其所能取得的利率去合法放款？要是利率為百分之十，他是否不能依契約所訂定的在法庭聲請索回他的利息呢？所以如果誠

實及負責任的人能以百分之三或百分之三點五利率借到貨幣，
這並非法令及敕令之力，而是事物的自然之理，在有大量貨幣
可出借，相對的，良好保障欠缺的地方，只要有良好保障定會
使利率低下。荷蘭是一個土地占國家資財極小部分的國度。貿
易是其巨大資金，且其財產通常都是貨幣；職是之故，凡不是
貿易商一般而言都是放款人，這些人中大多數是靠利息作為收
入，致如果國家不是債臺高築僅付還每人其本金，而非百分之
四的利息，這就造成貨幣遠多於可予以運用或可冒險用於貿易
的數量，使得貨幣只能有百分之二或更低的利率，除非他們有
辦法將貨幣投放在外國。

我接受這些人說荷蘭的利率為低，但之所以如此，並非
法律的效力或政府促進貿易的政治策略，而是他們利率首次下
降時現成的貨幣十分充裕的結果。我說當利率首次下降時，是
因為利率一旦調低，且公部門已向私人借了大筆貨幣並持續負
債，就算造成首次調低利率的貨幣充裕情況已大不如前，他們
大部分的財富也已流失，利率必然持續如此下滑。因為國家的
債務提供債權人一項固定的年收入，這被認為是一項安全的收
益，故被當作和土地一樣的有價值；他們也就據此，彼此買賣
這些債券；也不管公共帳房有沒有任何貨幣，持有國家欠其一
萬英鎊價值的人都可以隨意在每一天出售債券以換取現金。這
項放款對那些不知道怎樣處理他們資財的私人有極大好處，以
致國家現在開始有能力償還債務，債權人寧願以較低利率留在
那，就像幾年前當被要求前去取回其貨幣那樣，而不願取回貨
幣閒置在身邊。這正是荷蘭的利率狀況：他們貨幣充裕且支應
其公共債務，有時因此調低其利率。但這並非法律的命令和限

制所造成；也不是我們此地以法律，將利率降至百分之六的結果。所以我否認在荷蘭曾有任何法律禁止以高於百分之三或六或十的利率放款。不管某些人在此怎麼說，荷蘭人人都可以像其做其他事情一樣，自由的以其所能得到的利率貸出其貨幣；且一旦談妥交易，法律將強制借款人支付利息。

我認同，如果所有人都同意低利率，且商人因而調整他們的利得及有人願放款給他們，低利率對貿易是一項利多，但當公部門出到百分之七或八或十的利率去借款時，能期望其保證確定沒有公部門好的私人，能以百分之四借到款嗎？再說還有任何事情比同樣一批人既視允許高利率是對國庫借款的一項鼓勵，又認為低利率將給貿易注入貨幣，更怪異的嗎？荷蘭聯邦幾年前曾向其所欠的貨幣僅付百分之四的利率，要是您以他們為例並用法律來規範利率，您試試是否能在此推動，讓人們以那利率借貨幣給公部門。如此一來將對王國有利，且減少我們很大一部分公共支出。要是做不到，您就坦承這不是荷蘭的法律使利率降到這麼低，而是其他的事物，並且如果他們的信用較差或荷蘭的貨幣較缺，就會使聯邦或任何別的團體得支付較高的利率。

肆、您財富衰減的一項確實信號是地租的下滑

您財富衰減的確實信號是地租的下滑，故提升地租是值得全國關注的：因為地主及與其有關公部門的真正利益是在地租的提高而不在利率的降低。所以探討英格蘭地租的下滑成因或許不算是離題。

1. 要不土地日益貧瘠致產出變少，因而從這些產出所收到的貨幣也就變少。因為當土地曾習於在正常年分生產一百蒲式耳的小麥，如果經過長年的耕作及不善耕耘，現只能生產五十蒲式耳，地租減半是很明顯的，但這種情況不能被認為是普遍的。

2. 要不地租是因下列情形而減少：

(1) 因為該土地的商品被停止使用：如，要是英格蘭禁止吸菸，維吉尼亞的地租必降。

(2) 或因為別的事物填補了該土地的產出：如，煤礦的發現使林地地租下降。

(3) 或因為同樣的商品從其他地方得到較便宜的供應：如，從愛爾蘭輸入牲畜一定使英格蘭牧場鄉村的地租下降。

(4) 或因為對您國產商品課稅使農場主所賣的商品較便宜，及勞工所買的較貴。

3. 要不，國家的貨幣少了。因為貨幣的應急和使用不隨其數量的減少而減少，它在流通中被各部門運用及分配的比例仍和以前一樣，其數量減少多少，每一位有權使用貨幣的人其份額必依此減少多少；無論他是地主出售其貨品時；或勞動者掙取其工資時；或商人賺取其佣金皆如此。然通常地主最先發現，因為貨幣不足及短缺時，人們就沒過去如此多的貨幣可動用，也因此較少的貨幣被帶到市場，由此各類物品的價格必然下跌。勞動者是第二個有感的，因為當地主的地租下降，他必須得降低勞動者的工資，抑或不予僱用，再或不支付工資；不論哪種做法都使勞動者感到貨幣匱乏。商人是最後才有感的。因為他雖少賣且價廉，他也以同樣的低價在買我們國產商品去

出口，如果此舉不能給他帶來利潤，他一定讓我們的國產商品留在農場主或製造商的手上而不予以購買供作出口。

　　若用於貿易的貨幣有三分之一被鎖住，或流出英格蘭，地主必然在出售其物品時少收三分之一貨款，及隨後地租下跌；同樣人數的接受者中間所分配到的貨幣數量不也少了三分之一嗎？確實，人們沒認知到貨幣流失了，習於彼此嫉妒；每一個人都懷疑別人不當的利得奪走他的份額，每一個人都盡其所能運用其技巧及能力，再度取回他的份額及將過去一樣多的貨幣裝進其口袋。但這不過是我們彼此之間的爭奪，對我們的困局毫無助益，猶如躺在一起的兒童彼此拉扯一床短被無助於他們全不受凍。除非該家庭的父親提供較好及加大那狹小的蔽體，不然有些小孩將挨凍。這類拉扯及對抗通常發生在擁有土地的人和商人之間。因為勞動者的份額僅足以維持生計，鮮少有時間或機會允許其想這些事，或與富者爭取他們的份額（作為一個共同的利益），除非有某種共同及大型災難使他們在一項普遍性動盪團結起來，讓他們忘記尊重且鼓起勇氣用武裝力量來開拓他們的想望；且有時他們突然出襲富者並如洪水一般捲走一切。但，這只有在無視民怨及吏治不清、政府的不良治理下才會發生。

　　正如我前面說過的，在財富衰敗時，一般的鬥爭及對抗都發生在擁有土地的人和商人之間，現在我或可加上擁有貨幣的人、擁有土地的人發現其深受地租的下跌及財富受損的折磨；而擁有貨幣的人保有其利得、商人透過貿易致富發財，地主認為這些人將他的收入盜入他們的口袋，建立他們的財富在其折損上，且奪走國家的財富多於他們所應得的份額。所以地主力

圖藉法律來維持土地的價值，他懷疑地價的下降是別人利潤過高所造成，但這一切皆徒勞，原因及補救之方都誤以為是。這並非商人或擁有貨幣的人之利得令地價降，而是貨幣的匱乏及由於奢侈開銷浪費我們財產造成財力下降，加上貿易的不當管理使得土地經常首先感受得到。要是擁有土地的士紳們以擁有更多的紅葡萄酒、香料、絲綢及其他外國消費性貨品來顯富且引為時尚，比我們商品的輸出所能交換的多。貨幣必定無可避免的流出以平衡國際收支及支付債務。因此我更擔心我聽到常被提及的另一項建議，阻止貨幣和金銀塊的輸出，這僅說明我們注意到有不讓貨幣從我們國家流出的需要，遠勝於一項如何可保住貨幣在本國的做法及方式。

輸出貨幣在西班牙可是死罪，然提供全世界金和銀的西班牙人卻是世界中擁有金和銀最少的。儘管他們窮盡一切人為及強制措施要將金和銀留住，貿易將金和銀從這懶惰及赤貧的民族手中星散。金和銀隨著貿易來抗衡法律的嚴酷，且西班牙人對外國商品的想望，讓金和銀在光天化日下公然被攜出。大自然蘊藏礦脈在世界上不同地方，但它們的富饒只留給辛勤及節儉的人。無論它們造訪過誰，它們只願與勤奮及樸素的人待在一起。如果我們先輩的德性及生活儉約方式（滿足於我們本國的生活便利品，遠離追隨從外國進口尊榮及奢華價昂物資的蠢動）能再度形成我們當中的時尚和認同；僅憑此舉就可保有及增加我們的財富，並富足我們的國土，遠勝於我們就利率、貨幣、金銀塊等等所頒布的一紙法令所能及，我擔心的是無論我們如何急於掌握這些，卻沒能更善於理財，仍難讓我們免於沉淪，即使我們採用何種計策也是枉然，這對王國和對家庭皆如

是。開支少於我們自身商品所能支付，實是國家致富的唯一可靠方案。且當一旦這方案被慎重考量，及我們認真的面對和劍及履及的往這方向轉變，我們或可希望再度提高我們的地租及增進公共的資財。除非如此，我擔心靠著吶喊及法律的武器，將餓狼從自家趕到別家門口的方式終歸失敗：這類物種必須澈底從本島斬盡滅絕。因為由於管理不善及揮霍的虛榮心所孕育出來的匱乏將令國家變窮，且無人倖免。

　　如果開展英格蘭的商貿需三百萬英鎊，其中一百萬英鎊是歸地主維持開銷；另一百萬英鎊是支付給勞動者及手工匠；第三個一百萬英鎊是經紀商的份額，作為對其在分配作業中費心和苦楚的回報；要是這筆貨幣有一百萬英鎊流出英格蘭，那豈非由土地的產出，勞動及分配作業所分得的貨幣必然少了三分之一？我不是說他們會在同一時間感受到貨幣的匱乏。但，地主除了其土地所生產的產出外，一無所有；而買方依據其擁有貨幣的多寡常針對所提供出售的物品定下價格；地主必須安於接受市場對其帶進市場的商品所定的價格，這常繫於貨幣的多寡。要是我們流出任一部分的貨幣，地主肯定首先從其商品的價格發現。因為經紀商和商人雖然賣得便宜，其買得卻也便宜，且其確定有回報可得，或將不能給其產生利得的商品擱置不顧：凡是被擱置不顧的商品都是留在地主手上，常轉成地主的損失。

　　若我們的羊毛製品一半銷售外國市場，另一半在我們當中消費：要是我們鑄幣流出可察覺的一部分（例如三分之一），及因此人們比以前同意的少了三分之一貨幣（因為，這必然是等值的，我逃過的三分之一短少，必定由別人補上）如此一

來，他們就會在衣著和其他物品上少開支，也就是說要不穿久
一點，要不少付。如果布商發現有滯銷情況，他必然也少付
給羊毛及勞動，要是勞動者工資少了，他也一定少買穀物、奶
油、乳酪、鮮肉，或忍住某種完全不買。在各種情況下，羊
毛、穀物、鮮肉，及土地的其他產出之價格都得調降且土地承
擔大部分的損失，因為不論任何商品的售出或消費停阻在哪個
環節，停阻都持續直至落在地主身上為止。且不論任何商品的
價格在哪個環節開始下跌，姑不論這環節與地主之間經多少
手，全都會彼此相因，直到最終落在地主身上；就在地主那他
任何商品的落價都減少他的收益，且是一項明顯的損失。產出
商品的土地之擁有者，和消費商品的最終買者是商業的兩個極
端，雖然地主手上任何種類商品的降價，由於居間經紀商和獨
占者抬高價格以求利的技巧，不見得被最終消費者察覺，然而
當貨幣的匱乏或消費者渴望的欠缺使價格偏低，這會立即傳至
第一位生產者：居間人沒有任何興趣讓價格居高不下。

　　而今，就地租調降的前面兩個原因來說，利率的下降完全
沒有影響，至於最後的原因，其影響可大：因為其讓英國人及
外國人撤回或留住他們的貨幣，致英格蘭的貨幣趨少。舉凡不
在貿易中自由流動的貨幣一旦被窖藏起來，形同其不存在。

　　我曾聽過為何降低利率到百分之四的一個理由：如此一來
那負擔公共開銷重擔的地主，或許因利率的下降在某種程度上
有所緩解。

　　如果您說利率下降將緩解債務人的負擔，把損失落在債
權人身上，這個論據是說得通的，但除非您假設所有地主都負
債，降低利率和土地一般而言，是沒什麼關係的。但我希望，

我們仍可認為英格蘭擁有土地的人也同樣擁有貨幣；及擁有土地的人和其他人一樣透過他們的未雨綢繆和善於理財，使他們的支出與收益相配，維持他們在世界上不會走回頭路。

有人就此情況曾敦促最值得考量及補救的一點，是那些已抵押其一半土地的人仍該付全部土地的稅賦，而抵押受權人卻得享高利息的明顯利潤揚長而去，這是難以忍受且毫無道理。我對此的答覆是，

1. 要是任何人為服務其國家而負債，公部門應退他錢讓他脫困是合適的。這是一種照顧，更成為公共正義；如果在服務國家期間沒接受回報的人至少應免於受苦。但我不記得有任何一個國家會為祖護那些不善管理造成積欠的人，改變其憲法；或許認為公部門不注意，那些不當運用國家的資財過濫於他們私人開銷，及經由他們的顯富引為時尚，陷國家於困境的人。以抵押土地支付稅賦的人是對其不善理財的一種懲罰，不善理財是不該受鼓勵的，但抵押土地稅和樸素及節約是毫無關係的。

2. 對上述說辭的另一種答覆是這適用於鄉村的士紳及城市的商人，如果他們名下的地產遠多於其實際擁有，那可是他們自己的錯，沒有幫其支付稅賦的餘地。補救之道在他們手上，他們隨時可解脫。且當他們一旦出售其土地並付清其債務，他們就不再為其名下又非真正他們擁有的土地繳稅。他們還有另一種方法可以卸下重擔，也可彌補大量許多其他不便；那就是透過登記，因為，要是抵押一經登記，土地稅就隨之要求債權人支付其應付的部分。

我曾遇見一些贊成百分之四利率的擁護者，他們（除告

訴我們許多其他好事之外）信誓旦旦說，要是利率降至百分之四，則有些人以此低利率借到貨幣來還債；另有些人會借比現在多的貨幣來改善其土地；再有些人會借更多貨幣用在貿易和製造業上。話語是夠華麗的卻沒任何實質的內容。這些人說話像在向我們展示其不僅有所羅門王的智慧，還有所羅門王的寶藏，還能讓金和銀像街上石頭般普通。但我擔心，到最後只不過是博君一笑的安慰話，我但願其能成真。要是鄉紳及貿易商能比現在更能便宜借到貨幣，這毫無疑問，每一個人都爭先去借且渴望能用別人的貨幣來謀好處。我承認要是任何人能想像增加借款人是件好事，那些主張百分之四利率的人已找到令人垂涎以該利率不斷取得貨幣及增加英格蘭借款人數目的方法。但要回應所有他們美好計畫，我只有一個簡短的問題請教他們：百分之四的利率能增加放款人的數目嗎？就像任何人在第一次聽到的剎那，都會敏銳的懷疑這是不可能那樣，如果其不可能增加放款人的數目，這些魔術師們給予我們用以改善土地、清償債務及增進貿易的一切貨幣充裕，只不過是像老婦女所相信別的魔術師，有時給予貧困易信女孩滿滿一膝金和銀那樣，當她們拿到燈下一看時，除了枯葉一無所有；擁有這些枯葉的人仍和過去一樣缺少貨幣。

確實，我希望貨幣在我們當中充裕，致每一個人都能以百分之四借到他能用在貿易上的貨幣，不僅如此，人們在百分之六的利率下能用多少就能借到多少，我承認這對英格蘭是好事。但即使在百分之六的利率，借款人早已遠超過放款人。要不然商人怎麼會時不時得付百分之六且常在其上給仲介費呢？為何年收入一千英鎊的鄉紳盡其所能提供保證，還很難借到

一千英鎊呢？這一切都源於貨幣的稀少性及不良保證；在降低利率之後，這兩個原因妨礙借款的力量不容小覷：我看不出，任何人能想像降低利率到百分之四會有何能耐減少他們這些力量；或減少放款人的報酬又不降低其風險如何能令他更勇於放款。所以這些誇誇而談人們在百分之四的利率時會借到及運用更多的貨幣在公益上的人，只不過自以為能增加我們中間借款人的數目，然而我們的借款人早已夠多了。當他們如此操弄人們對百分之四利率黃金時代的渴望時，讓我認為他們在利用這些可憐的赤貧負債人及需錢孔急的貿易商，一如我曾目睹聒噪的穴鳥（Jack-Daws）有時在作弄其幼雛的情景，穴鳥圍巢振翅呢喃著讓所有牠們幼雛張口待哺，但除了噪音和空氣外，牠們口中一無所得，一樣飢餓如前。

　　確實，這些人已藉由一項妙計，找出如何透過法律的限制令貨幣的價格便宜三分之一，然後他們告訴張三說，他將有一萬英鎊用來添購貨品或衣物；而李四可再有兩萬英鎊償還債務；如此分配貨幣得像兩班人自由分掉其已到手遺產般甚至在哪裡能拿到手都知道。但，除非他們能向積極的借款人指出何處能借到款，不然他們不過發揮了增加人們渴望的作用，卻絲毫沒讓貨幣容易借，要是世界充滿燕麥，他們就能做到，否則他們言之鑿鑿的亮花花貨幣不過是徒託空言。在我看來，這些企劃者與其使人們希望以較輕鬆的利率借到更多貨幣，來滿足其匱乏及貿易之用，倒不如深思熟慮找出人們如何完全不需付息借到貨幣的方法：因為這更為有利且一樣的可行。要在三十人中分配二十雙鞋，如果他們不用付錢，正如他們付四先令一雙那樣容易。其中十個人（即使法定價格從六先令降至四

先令）仍會和他們完全不用付錢買鞋一樣，赤腳坐在原地。這正是一個國家貨幣相較於貿易有所匱乏的情形。構想如何讓每一個人不用付息就獲得他所需的貨幣（也就是，用以改善土地、清償債務及增進貿易）就和構想如何讓每一個人以百分之四的利率都能獲得他所需的貨幣一樣容易。我們要不就是手上貨幣業已多於擁有者所願放出的貨幣，要不就是沒有那麼多的貨幣。要是目前在英格蘭的貨幣有一部分不願以現行的利率放款，當利率被降到百分之四時，人們就更願隨時放款而借款人就會因所有這些大膽目標得以更充裕的借到款嗎？如果人們基於他們自身的理由早已放出他們所擁有的一切貨幣，那誰來提供那些願在百分之四利率下借得更多的貨幣呢？或真是貨幣如此充裕及借款人的稀少，而致非得降低利率至百分之四，好讓人們借款？

在任何國家裡，凡想像得到增加貨幣的方法有兩種：要不從我們自己的礦脈中挖掘，要不從我們鄰國取得。百分之四的利率不具有能發現金銀礦的探金屬桿性質，我相信這句話很容易得到認同。從外國人得到貨幣的方法不外乎武力、借用或貿易。除了這些方法以外，人們可幻想或提議增加貨幣的方法（除非他們意在冒充點金石）和我所知的狂人技倆大致類似，這種人在其精神失常之初，首先被發現的喪智徵兆和收集大量的格魯特幣（譯按：英四便士銀幣之名，英文中 Groats 和去殼的碎小麥同一字，故狂人想將格魯特幣煮厚）放在一起煮，依他說，這項構思會讓格魯特變厚。我想沒有人會自以為百分之四的利率能養活軍隊、訓練士兵並使其英勇及適於征服別的國家並以戰利品致富。還有那種利率不能讓我們鄰國借給我們

比現在更多的貨幣，這是如此明顯致毋須任何證明；主張百分之四利率的人視此為不可否認的真理，且以此作為一項論據來展示其對國家的好處，透過降低付給外國人的低利率，就會讓他們將其貨幣調回老家。至於藉由促進貿易來增加我們貨幣的最後一個方法，到底降低利率至何種程度，我想我已向您闡明。

最近看到一本在今年 1690 年刊印的小冊子，題為《致友人關於高利貸書》；它簡述許多年前發表過的一些對於降低利率論文的論據；簡短考量他們這些論據或許不至於不適當。

1. 高利率腐蝕貿易。取息的好處大於貿易的利潤，使得富有商人捨棄貿易且將他們的資財用來取息，並讓財力較弱的商人破產。

答：這說法見諸於 1421 年，那時的利率是百分之十。關於英格蘭可曾有過比當時更蓬勃發展的貿易，必須得留給那些研究過伊莉莎白女王及詹姆士一世治下日漸強盛及富裕情況的人們來評斷。我並沒有將這種情況歸因於高利率，而是其他我已提過的原因，高利貸與其完全無關。但，要是在 1690 年的現在，當法定利率為百分之六時，仍作此想，我渴望那些認為適合套用此說法的人，指出那些曾捨棄貿易並將他們的資財來取息的富有商人。

2. 我國利率為百分之十，而荷蘭則在百分之六；我們鄰國商人比我們廉價拋售商品。

答：我們現時的法定利率是百分之六，而荷蘭則不受法律限制，我們鄰國商人比我們廉價拋售商品，是因為他們生活得更節儉且安於薄利。

3. 荷蘭利率較英格蘭利率低，他們對戰爭、信仰活動及

國家一切開銷的捐獻比我們便宜。

答：這一點須稍作說明，捐獻較大或較小，這我明白，但捐獻較便宜或較昂貴，我坦承我不明白。要是他們經營其戰爭及開銷比我們省，責任不在利率的高或低。

4. 利率如此之高，致妨礙船隻的建造，這可是我們島國的力量及安全之所繫，大多數的商船都是在荷蘭建造。

答：雖然類似船隻已被法律禁止建造，這個論說現已不復討論，我願提供該文作者一個同樣好的事實。荷蘭人購買我們的油菜籽，將其榨成油，運回我國銷售得利。這或可說成是此地高利率及彼處低利率所造成。但，事實是荷蘭人的節儉及勤奮使他們安於較其鄰國便宜的工作及薄利銷售，從而取得其鄰國的貿易。

5. 高利貸的高利率讓土地賣得如此便宜，竟不值十四或十五年年收益；而在荷蘭，百分之六的利率，地價值二十五年年收益以上，所以低利率提升土地價格，貨幣貴的地方土地廉。

答：這個論說坦白承認除了利率之外，尚有某些因素規範土地的價格。不然當利率為百分之十時，本地的地價應是十年年收益，而此文作者坦承那時地價為十四或十五年年收益。或可設想他為迎合其假設，不敢將之提得更高。且正如他所說，荷蘭的利率是百分之六，彼處的地價該以十六年半的年收益售出，而他卻說其值超過二十五年年收益。且曼尼（Manty）先生說法國的利率為百分之七，良地的售價達三十四及三十五年年收益，及普通地價值二十五年年收益。故從此得出的真正結論並非作者所說的那樣，而是法定利率並未規範土地的價格，乃其他因素使然。我同

意他的立場，貨幣貴的地方，地價廉，且反之亦然。其之所以如此，是由於自然利率而非法定利率。因為在貨幣能以良好保證用百分之四或五利率借到的地方，就顯示貨幣將比投放在正常貿易冒險的所得還多。且當貨幣充裕的情況變普遍時，就標示著貨幣遠多於貿易所能運用的數額；這只能讓許多人投入找尋土地的購置，從而藉由買者比賣者多來提高土地的價格。

6. 當債權人不能在任何別的地方得到更高的利息時，他們大概不會收回借出的貨幣。此外，他們從土地得到的保證會更好。

答：有些沒本事及膽小的人將回收他們的貨幣；另一些人將貨幣交給銀行業者手上。但銀行業者及有本事的人除非在自然利率下，是保留貨幣不會放款的，一如我們已經討論過的。但，透過降低利率如何改善保證，我坦承是超出我的理解。

論提高我們鑄幣的價值

既然現在考量到利率和貨幣，讓我借這個機會說些或許不是完全不合時宜的話。我聽見到處都在說提升我們貨幣作為維持我們財富及不致使我們貨幣被帶出境的一個方法。我希望那些使用提升我們貨幣這句話的人，對附著其上的涵意有某種清楚的概念；然後他們再來檢驗它是否真能完全像其所提議的達到這些目的。

提升貨幣意味以下兩種情況中的一項：要不提高我們貨幣的價值，要不提高我們鑄幣的面額。

　　提高貨幣的價值或任何其他物品的價值，只不過是令較少量的貨幣換得較以前多的任何物品。例如，要是五先令能換得，或（如我們說的）買到一蒲式耳小麥，如果您能令四先令能買到另一蒲式耳的同級小麥，這正是您貨幣的價值以小麥而言已被提高五分之一。但，能提高或降低您貨幣價值的僅是貨幣的多寡與您用來相比或交換的任何其他商品的多寡或銷售狀況之比例。因此構成貨幣內在價值的白銀相較於貨幣自身，就其在同一國家或不同國家中任何標誌（Stamp）或面額下，是不能被提高的。因為一盎司白銀，無論是便士、格魯特或克朗（Crown；譯按：五先令英幣）、斯蒂佛（Stiver；譯按：荷蘭小銀幣約值一便士）或杜卡通（Ducatoons；譯按：為西班牙在荷蘭鑄造的銀幣）抑或銀塊與任何其他一盎司白銀，不管是何種標誌或面額，都是具有且永遠具有相等價值；除非能提出有任何標誌可給一批白銀增添另一批白銀所欠缺的新的或更好的質性。

　　白銀既然和白銀經常等值，某一鑄幣較另一種鑄幣其價值大、小或等同，只在其所含的白銀多少或等量，就此而言，您絕無辦法能提升或降低您的貨幣。確實世界上大多數白銀，以貨幣及銀器這兩者都屬合金（即和某些賤金屬混合），純銀（即與所有合金分離）通常比銀合金或與賤金屬混合的銀要貴些。因為，那些需要純銀（即沒被混合）的人，像鍍金匠、拉金屬絲匠等必須根據其需求，除了拿出等量混合其他金屬的白銀，還得給予提煉匠的手藝及痛苦額外報酬。在這種情況下，純銀和合金或混合銀是被認為兩種有別的商品。但，沒有貨幣是由優質純銀鑄造的，這完全和貨幣的價值無關；在貨幣之內

不管其標誌或面額為何，等量的白銀常和另一等量白銀的價值相同。

在這項提升貨幣的巨大祕密中，所可能做的僅是改變面額，現在稱做一克朗的，以前依法只是一克朗的一部分。舉例來說：假設，按照我們法律的標準，五先令，或一克朗是一盎司重（現在正是如此，比一盎司少十六喱）（Grain；譯按：重量最小的單位，為 0.0648 公克），其中十二分之一是銅，而十二分之十一（上下）是白銀，在此很明顯，是白銀的數量賦予克朗的價值。因為讓另一枚等重量的鑄幣，取出一半的銀代之以銅或其他合金，每個人都知道其只值一半。正因合金是如此微不足道，致不予計算。現必須要提升這種克朗，且從此以後我們的克朗得鑄輕二十分之一，這只不過是改變面額，將昨天僅為一克朗的一部分，即二十分之十九，現稱之為克朗；如此一來，您僅提升二十分之十九到以前二十分之二十的面額。因為我認為沒有人會愚蠢到想像十九喱或盎司白銀能提高到二十喱或盎司白銀的價值；或十九喱或盎司白銀同時交換或購買到二十喱或盎司白銀所能交換或購買到如此多的穀物油或葡萄酒；這相當於將其價值提高到二十喱或盎司的價值。要是十九盎司白銀能值二十盎司白銀或能買到任何其他商品與二十盎司白銀所能買到的同樣多，那十八、十或一盎司或許都能如此。因為如果降低任何鑄幣含銀量的二十分之一卻不減少其價值，則降低任何鑄幣含銀量的二十分之十九也不致減少其價值。於是單獨一枚三便士或一便士的鑄幣被稱作一克朗將買到像一枚克朗鑄幣，其含銀量為前者的二十或六十倍，所能買到的同樣多香料或絲綢或任何其他商品，這可是太荒誕不經，致

我認為沒有人想親眼目睹及親自體驗。

目前，這種提升您貨幣或賦予少量白銀以多量的標誌及面額有兩種做法：

1. 透過提升您一類貨幣。

2. 透過同時等比例提升您一切的銀鑄幣，我假設這就是現在所建議的做法。

3. 提高您一類鑄幣的價值超過其內在價值的做法是鑄造任一類鑄幣（其與您別類鑄幣具有某一比例對價）時，讓含銀量少於其在貨幣上所要求的價值。

例如，我們以一克朗當值六十便士，一先令值十二便士，一特斯特（Tester）值六便士，及一格魯特值四便士；據此每一類鑄幣含銀量的比例該是 60、12、6 及 4。現在，要是鑄幣廠在鑄造格魯特或特斯特時採用與我們其他貨幣同樣的合金，但只有其現成鑄幣的三分之二重量，或重量相同，但卻將目前標準要求的白銀三分之一改成銅，所形成的合金並透過法律使其流通（您其餘的銀幣仍維持目前的重量及成色），這些新鑄幣顯然提升了三分之一；以六便士流通的鑄幣只有四便士的白銀於其內；就會猶如讓一格魯特透過法律以六便士來流通；及令每六便士當九便士來流通使用。這確實是提升這類鑄幣；但，實際上不過是鑄幣廠以減損鑄幣來當貨幣，且透過如此的劣幣或輕幣，除了使每一個接受它的個別人受到欺騙，讓他在公部門迫使其接受鑄幣為合法及流通後，少了公部門該保證他貨幣真實價值中的三分之一外；我說，此舉不僅給國內鑄幣者以合法貨幣欺騙您的機會，還給公部門帶來巨大及不可避免的不方便，這就是讓您的貨幣不需任何商品來交換逕自落在

外國人的手中。因為要是外國人發現兩便士重白銀標上特定記號可在英格蘭等同於標上另類記號的三便士重白銀，他們將不會吝於標誌這品項的鑄幣；然後輸入進英格蘭該種劣質及低級的鑄幣以兩便士換得三便士，且很快以黃銅或僅僅鑄幣費用運走您的白銀。

任何國家只要他們任何一種貨幣與其內在價值不成比例（即這種貨幣的含銀量與該國其餘貨幣的含銀量不依其應有比例）上述情形是難以避免。允許任何劣質貨幣流通一定會造成如此麻煩，致法國國王謹慎以對仍難以迴避。因為雖然他敕令四梭爾（sols）以十五枚可當一法國克朗作一切支付在其王國的島嶼部分內通行（雖然二十枚梭爾的含銀量都沒有一法國克朗含銀量多，然他不敢讓其在他海港市鎮流通，就怕給予輸入這種貨幣的機會。但，這項防範並未扭轉情況。這種貨幣仍然輸入，且由此給他的國家帶來巨大損失及毀壞。他被迫制止這種貨幣升值措施，並令其接近其內在價值。如此一來，許多手中擁有大量這種貨幣的特定人士損失其大部分財產，且擁有這種貨幣的每一個人都依其所擁有的比例蒙受損失。）

要是我們藉由法律使格魯特或六便士以少於現行標準白銀含量三分之一在我們之間流通，令其與我們其他種類貨幣等值；誰能想像我們鄰國不會立即大量注入這種貨幣到我國，致造成王國的巨大損失及侵害？每一枚或各類鑄幣的含銀量是其真實及內在價值，即白銀的應有比例，必須依法律對各種鑄幣所規定的相應數量，存在每一種鑄幣中。且每當有所偏離這種比例，那只是一種應付某些現實情況的詭計；但，凡是玩弄這詭計的國家常蒙受損失。

2. 另一種提升貨幣的方法是一次性提升您所有的銀鑄幣，一克朗、一先令及一便士彼此之間的比例仍然維持（即以標準銀來說，一先令是一克朗的五分之一重，一便士是一先令的十二分之一重量），但這些鑄幣的每一種您都降低其原應有含銀量的二十分之一。

要是所有貨幣種類都比以往少了二十分之一含銀量致形成所謂的提升；因此您全部貨幣比以前輕，就會有某些後果如下：

(1) 這將掠奪所有債權人他們放款的二十分之一（或百分之五），及所有地主他們永久的免役稅（quit rent；譯按：封建時代以繳納地租代替勞役）的二十分之一，及他們前此所訂契約在有效期限內一切其他年收入租金的百分之五；且這對債務人或農場主也沒任何好處。因為他從其土地或商品所收到的英鎊，以此種新款較輕鑄幣結算，不會比他過去按您舊款較重貨幣來得多，所以沒從這新幣得到絲毫好處。如果您說，是的，他現在出售所取得的新貨幣將比按舊標準貨幣出售得到更多的克朗、半克朗及先令；您無異坦承您的貨幣，並沒有提高價值只是提高面額；因為您新鑄幣在重量上的欠缺現在必須由其數目來補足。但，不管如何，大眾（大多數人認為這必須是唯一要改變既定法律及干擾日常事物現行進程的理由）確定得不到一丁點好處；不僅如此，我們將逐漸明白，這將給王國帶來巨大費用及損失。但有一件事是第一眼就可看出的，所有根據先前契約來收取的支付，要是您的貨幣事實上被提升了，收款人將損失百分之五。因為前此已借出的貨幣，已簽定的租約及其他談妥的交易都是以現行已有的相同重量及成色的貨幣為

準，並確信在鎊、先令及便士的同一名稱下都應有其同樣價值
（即相同數量的白銀），現在透過同樣面額卻少了含銀量二十
分之一，您從他們應得的東西取走了百分之五。

當人們到市場以新款卻較輕的貨幣買任何其他商品時，
他們將發現二十先令新鑄幣買不到任何商品多於先前的十九先
令所能買到的。因為賦予任何鑄幣價值的不是面額而是白銀
的數量，十九喱或部分的白銀，無論賦予其多少面額或印記
（marked）都不值或當作或買到二十喱白銀所能得到的任何
其他商品，就像十九先令不能當二十先令使用那樣，要是任何
人認為名稱上的一先令或一克朗的價值是來自其面額而不是其
含銀量，那不妨試試；此後讓一便士稱作一先令，或一先令稱
作一克朗，我相信沒有人安於以此種貨幣來收取其放款或地
租：雖然法律將其提升至此，然收取這些貨幣的人預見在前一
情況將損失十二分之十一的價值，在後一情況將損失五分之四
的價值；且他會發現他的新款先令不過是從前一先令十二分之
一的白銀，只能給他舊款先令十二分之一所能買到的穀物、衣
物或葡萄酒。正如您稱之為提升您一克朗值五先令三便士或令
您一克朗的白銀輕二十分之一（其實是同一件事）也是如此
情況。唯一的差別是前一情況的損失是如此巨大（十二分之
十一）致每個人很清楚且一聽此提議就厭惡；而在後一情況
（只有二十分之一，且以提升我們貨幣名稱作為欺人之掩護）
人們不那麼容易觀察到。要是以此方法一個星期提升克朗鑄幣
二十分之一有好處，我假設下一個星期再提升一次也同樣有好
處及有利可圖。因為沒有理由說在下一個星期接著下一個星期
再提升十二分之一就沒好處；如此一來，要是你連續操作十個

星期，您將在明年元旦把所有半克朗提升到一克朗，除了您一切事務都陷於混亂外，人民的債權及地租損失一半及國王的收入也損失一半；且，要是您樂意持續推行這種提升您貨幣的有利方法，您或許藉著同樣技巧讓一便士重的白銀成為一克朗。

白銀，即與合金分離開的純銀數量，形成貨幣的真正價值。要是不是如此，就用黃銅以同樣的標誌及面額製成鑄幣，且看其有沒有同樣的價值，我懷疑您的標誌不會令其價值高於愛爾蘭的銅幣，後者除了銅的重量別無其他。該貨幣以高於黃銅的價格流通致愛爾蘭蒙受巨大損失。但，我認為沒有人比那位以其權威令該鑄幣流通的人所蒙受的損失更大。

您會說，要是白銀賦予貨幣的價值，何須花那鑄幣費用？難道人們不能以白銀的重量來交換其他物品、敲定生意，及記帳嗎？這或許行得通，但卻有以下的不方便：

(i) 每個人在支付的場合都要稱等量白銀會非常麻煩，因為每個人必須隨身帶著天平。

(ii) 天平還不能完成交易。因為，接下來，每個人不能分辨純銀和混合銀，所以雖然他收到足夠重量，卻不確定收到足量的白銀，因為其中摻雜著某些賤金屬，這是他所不能識別的。那些負責及治理政治社會的人遂引進鑄幣作為這兩項不便的解方。標誌是公部門的一項保證表明在如此的面額下，人們應收到一枚有如此重量及如此成色的貨幣；也就是說，他們應收到如此多的白銀。且這也是偽造標誌被定作最高罪行及與叛國等量的原因：因為標誌是內在價值的公共保證。皇室權威制定標誌，法律批准及確認面額，兩者合在一起就像給了公共信心一個保障，說契約定下的如此面額的貨幣總數將具有如此多

的價值，也即有如此多的白銀在其中。因為支付債務及購買商品的是白銀而非貨幣的名稱。所以，要是我在法律要求每一克朗該有一盎司白銀時訂下了二十克朗的契約，如果在償還我二十克朗時，法律允許其只須具有我在簽約時原有及該有二十分之十九的含銀量，我的交易吃了虧是確定的，我被詐騙了（及公共信心是否不跟著破產，且讓大家考量）。

(2) 這減少國王百分之五的一切收入。因為，雖然繳進國庫的是和以前一樣數目的鎊、先令及便士，不過這些具有同樣名稱的每一種鑄幣已少了二十分之一的含銀量；且這對外國人來說是瞞不過的祕密，不會比其自己臣民差，在提升您貨幣時，他們賣給國王二十先令的松脂、焦油或大麻不會多於以前的十九先令；或用日常話語來說，在您提升您貨幣百分之五時，他們就提升他們商品價格百分之五：要是他們僅止於此，那還算好。因為在面對如此變化時，抗議總是會有，那些和您打交道的人利用警覺的優勢，提升他們的價格甚至高於您降低您貨幣白銀平價的成色，以保障他們免於您新詭計所帶來的任何損失。

我聽聞被抱怨的兩種麻煩事，建議用這方法來解決。

其一是我們的貨幣被熔化，另一是我們的金銀塊被運出。我擔心我們陷入這兩種麻煩，但任何一種至少都不能靠所建議的改變我們的貨幣來移除或預防。

1. 我們貨幣被熔化是不用懷疑的，顯然的理由是鑄幣費的低廉。因為以葡萄酒的稅課支付鑄幣費，而鑄幣特定擁有者不付分文。所以一百盎司銀鑄幣與一百盎司的標準銀塊對擁有者而言是同價。他將銀條送進鑄幣廠不需任何花費可得到同樣

數量的銀鑄幣。如此一來，要是他什麼時候需要銀塊，將鑄幣熔化就像從國外買銀塊或以其他商品交換銀塊是同樣的，所以終將發現我們鑄幣廠做了白工，以公部門的成本，唯獨圖利我們的官員。然而這並沒有讓英格蘭比不如此做時少一毫貨幣；只不過讓本來不去鑄幣的，或本來不會運銀塊到此的，拿來鑄造貨幣：且，不是因您出口的順差帶進來的白銀，即使到了此地也不會留在英格蘭，不是任何形式的鑄幣費使或能保住您的貨幣留在此地：這完全且唯有依靠您貿易的順差。且即使查理二世及詹姆士二世國王時代的所有貨幣都依新建議來鑄造，這類被提升的貨幣仍會和其他貨幣一樣流失，留下的不會比目前的多也不會比目前的少，雖然我不會懷疑鑄幣廠當時鑄的貨幣和我們現在鑄的貨幣一樣多。簡短來說，與西班牙的貿易順差給您帶來金銀塊；當其來到此地，便宜的鑄幣費將其送進鑄幣廠，貨幣就製造出來；但，要是您的出口並不能平衡您在其他貿易的進口，您的白銀必然再度流失，不論是否被鑄成或未鑄成貨幣。因為當貨品不能支付您所消費的商品，白銀必須支付。

透過鑄幣機記帳簿可知情形確是如此，且從那可看出有多少以鑄幣機打造的貨幣是該兩個最後王朝做的。我手上現有一篇文章（設想是一位並非對鑄幣廠一無所知的人寫的）坦承自從有了鑄幣機打造的貨幣，有段時間，三分之一的日常支付由鑄幣完成而不是目前的二十分之一。然後這些鑄幣就流失了，但別讓任何人誤以為它的流失，是由於我們目前的鑄幣情況以短缺十六喱的一盎司白銀被賦予一克朗面額所致：或認為（像目前的建議）將短缺約四十喱的一盎司白銀鑄成一硬幣賦予面

額一克朗就會阻止其流失，或（要是我們的貨幣做此改變）
將在未來鎖定在此地，隨您所願以多少白銀鑄成一硬幣並稱其
為一克朗面額；當您的貨幣要流出支付您外國債務（如果沒有
外債，它完全不會流出），您的重貨幣（即依鑄幣廠標準根據
其面額而含有銀的重量）將被出口者熔化或攜出國境，不管法
律如何規定每種貨幣的尺寸是大或小。因為當鑄幣費完全由一
種稅課支應時，姑不論您貨幣的尺寸，那些需要金銀塊送往海
外，或需要白銀製成銀器皿的人，只要將鑄幣熔化，他就可以
像是從國外引進西班牙的八里爾幣或其他白銀一樣便宜；那個
完好保證鑄幣機造成的貨幣其重量和成色的標誌一點都不花
錢。

　　對於此點也許有人會說，如果鑄幣機造成的貨幣其後果就
是如此習於被熔化，回到以鐵錘鑄幣的老方法豈不更好。我對
此的答覆是絕不可。因為，

(1) 以錘鑄幣更不保證您大部分貨幣不被熔化。因為用那
　　些方法，每枚硬幣的重量更不平等，有的太重，有的
　　太輕，那些懂得如何將重的硬幣挑出來熔化的人應可
　　從這些過重的硬幣中得利。

(2) 以錘鑄幣更讓您曝露在偽硬幣的風險。因為造幣工具
　　容易製造及隱藏，且參與工作的人手較少及噪音也比
　　鑄幣廠小；因此偽硬幣製造者不易被發現。

(3) 硬幣既不如此的圓、均勻及有清晰標誌，更沒有邊緣
　　的花紋，乃易於被剪損，而鑄幣機製造成的貨幣就沒
　　這些問題。

所以鑄幣機造成的貨幣確實對公眾最有利。但，不管我們

鑄幣被熔的原因為何，我看不出提升我們的貨幣（像他們所宣稱的）如何完全阻止其不被熔化。因為要是我們克朗幣被鑄輕二十分之一。如何能阻止其不像目前被熔化的多呢？正如我們業已顯示白銀的內在價值並沒改變，所以將其熔化的誘惑仍和以前一樣。

但它們輕了二十分之一。這並不能阻其被熔化。因為半克朗是輕了一半，也不保其不被熔化。

但它們都在同一面額下重量較輕，因此它們不會被熔化。如果現在這些重了二十分之一的克朗仍以克朗同時流通著，這句話是正確的，因為人們不會熔化新款輕克朗一如不會熔化舊的被剪損硬幣那樣，後者以硬幣及枚數出現比以重量及銀塊出現具有價值。但不能就假設人們會依較輕新款硬幣的價格脫手他們較重的舊款貨幣；且以五先令的舊克朗在鑄幣廠他們可生得五先令三便士，而一枚新款鑄幣克朗（是較輕一些）可當一克朗，我想熔化這一種或另一種克朗有何差別？一種是少了二十分之一含銀量的鑄幣少值二十分之一；另一種與面額等量的含銀量鑄幣被熔化成等量的白銀，要是熔化這一種和熔化另一種都同樣的便利：就像熔化鑄幣半克朗和一克朗同樣便利那樣，擁有一半含銀量的那種只值一半。當貨幣都改依新比例，即輕了二十分之一，且商品也按比例提高價格，我會樂意知道，有何方法阻止您的貨幣不像現在被熔化的多呢？如果屆時一克朗鑄幣像現在一樣免費鑄造（就不管其重量為何），就只值其同等成色的銀塊重量和現在的情況一樣。因為唯有鑄幣這個鑄造過程使其有所區別，而不收取費用，還有什麼可使價值造成差別？因此，無論誰缺銀塊，將這些新款克朗熔化就和

以這些克朗購買銀塊一樣便宜。從而，提升您的貨幣不能（在免費鑄幣法案持續生效下）阻止其被熔化。

再者，提升您的貨幣也不像所宣稱的更能阻止金銀塊的輸出。我們賦予此地白銀任何的面額或標誌既不能給白銀在英格蘭一較高價值，也不能使其在國外少受好評。在彼此交換時，多少的白銀就一直值多少白銀（如我們已顯示的那樣）。當您鑄幣廠以較少含銀量提升面額（像當二十分之十九一盎司白銀，擁有以前只屬於完全二十分之二十的一克朗面額）不能提高其相對於任何其他商品一丁點的價值。

您每當提升您標誌白銀的面額二十分之一或一律提升百分之五。人們將立即提高他們商品的價格百分之五，所以如果昨天的二十克朗換得二十蒲式耳小麥，或二十碼特定毛織品，要是您今天將流通的克朗鑄得輕二十分之一並列為標準，您將發現二十克朗只換得十九蒲式耳小麥或十九碼該類毛製品，正如昨天多少白銀換多少蒲式耳一樣。故白銀透過您改變面額及賦予較輕重量不會增加真實價值；此舉不會比您什麼都不做，更能帶進或留住金銀塊在國內。要是情況並非如此，您得感謝（像某些人愚蠢的想像）剪損鑄幣的人能留住您的貨幣。因為如果給較少量的白銀予舊的面額可提升您的貨幣（這個令您硬幣輕些的計畫實際就是如此或只能如此）剪損鑄幣的人已充分做到：且要是他們這行業按最近的速度再繼續一段時間，及您鑄幣被熔化與帶出國外並不再鑄造的話；當所有您流通的貨幣都被剪損且超過標準二十分之一輕而仍保留其原先的面額時，您的貨幣就被這類能匠提高百分之五以上且毋須新的鑄造費。

在此可能有人提出異議，說我們都知悉那比標準輕百分之

五以上的一百鎊被剪損貨幣,能買到那沒減輕二十分之一重量的一百鎊鑄幣所能買到的穀物、布料或葡萄酒:很明顯,我的法則在這方面失效,且賦予貨幣價值的不是白銀的數量而是標誌和面額。我對此的回答是,人們是根據標準貨幣從事預估和簽約,設想他們將收到足重的良好及合法貨幣;當他們收到國家流通的貨幣時,就達到這目的。因為一百鎊被剪損的貨幣既能和一百鎊最足重的鑄幣一樣支付一百鎊的債務,且一枚鑄幣廠新出的克朗和買的鮮貨、水果或布料不比五枚被剪損的先令多,顯然,它們在國內購買此地任何事物都是等值的,與此同時沒有人猶疑以五枚被剪損的五先令交換一枚足重的鑄幣廠製造的克朗,但一當您改變您的鑄幣且(如您所稱提升)令鑄幣廠讓您的貨幣輕了二十分之一時,情況就完全不同。因為屆時沒有人願以先前標準的一枚舊款克朗交換一枚新克朗:因他的舊款克朗在鑄幣廠會給他五先令三便士,就像不願以五先令三便士換一枚新克朗一樣。

只要被剪損及未曾剪損的貨幣能毫無猶疑的互相交換,也就經常能買到同量的任何其他物品。且這讓來銷售他的商品給您的外國商人總是信賴您貨幣中所含白銀的價值,還根據您鑄幣廠的標準估計白銀的數量;雖然由於其中有被剪損或磨損的貨幣,正常收到的任何金額或許比標準輕得多,因而會比鑄幣廠新出的同額鑄幣含銀量來得少。但,當被剪損和足重的貨幣能互相交換,只要其是流通的,外國人對其所收到的貨幣是否剪損都無所謂。因為如果他以其貨幣在此購買其他商品,不論金額,他都能以被剪損或足重貨幣來支付。要是他將銷售其商品所得以現款帶走,將其換成足重的貨幣乃輕而易舉。如此一

來，他不但擁有其所訂契約的金額總數，也得到其所賣商品根據我們鑄幣廠標準所期望的白銀數量。要是您被剪損的貨幣一旦成長太大，致外國商人不易以其得到足重的貨幣（如果他有意如此做），在賣完其貨品收取被剪損的貨幣後，就難以取得足夠的重量；他將在售出其物品時，要不明訂以足重貨幣支付的契約，要不根據您流通鑄幣中流失的白銀數量來提高其商品價格。

在荷蘭（杜卡通是該國的最佳貨幣，也是最大貨幣），人們以這種貨幣和該國其他貨幣毫無區別的進行支付，直至最近由於大量以較賤的合金鑄造另類貨幣，使得杜卡通要不被熔化或輸出，致比以前更為稀少，想將較賤的貨幣換成杜卡通變得困難；且從此，沒有人願以杜卡通清償債務，除非他被允許以高於此鑄幣的價值百分之零點五結算。

要理解這一點，我們必須留意，在荷蘭，人們常以吉爾德（Guilder）做為計算及訂契約的單位面額，一枚杜卡通先前能值三個吉爾德加三個史推弗爾（Stuyver），或六十三個史推弗爾。後來（從幾年前起）另一種被稱為三吉爾德的硬幣開始被鑄造，且被指定當六十個史推弗爾或三個吉爾德流通。但二十一枚三吉爾德硬幣本值六十三個吉爾德，卻沒有二十枚杜卡通（也同樣值六十三個吉爾德）所含的白銀多；杜卡通要不在荷蘭的鑄幣廠被熔化（以便製造這種三吉爾德硬幣或別的較賤貨幣謀利），要不被外國商人攜帶出境；當這些人以貨幣形式帶回他們銷售成果時，一定確保要收回他們契約所定的吉爾德付款總數是以杜卡通結算，或將他們所收到的貨幣換成杜卡通；這樣，他們帶回國的白銀就比他們得到以三吉爾德硬幣或

任何其他幣別結算的白銀多。於是杜卡通日漸稀少，致現在他想要收取杜卡通得允許百分之零點五的高估。也因此商人當他們現在出售任何物品時，要不以杜卡通來談生意，要不如果是以一般吉爾德（這一定會以該國最賤的貨幣支付給他們）來訂契約，他們就相應提高他們商品的價格。

我們透過鄰國這個例子或許了解我們新鑄幣是如何流失。當從外貿進口超出我們商品所能支應，我們必須跨海負債是確定的，在我們不能供應或他們不願我們的商品作為清償之用時，就必須以貨幣來支付。當我們的商品無法跨海籌得貨幣清償我們的債務時，唯有將貨幣運往那裡。因為一枚足重克朗在國內不比輕克朗值錢，及我們的貨幣在海外只根據其中的含銀量來定價值，所以不論我們送出硬幣或我們在此予以熔化成銀塊（這是最安全的方法，因不受禁止），最重的貨幣肯定流失。但您的貨幣被剪損的數量如此之多，或您足重貨幣被流走的部分如此之大，致外國商人或其在本國的經銷商無法收到足重貨幣的貨款或不易換其貨款為足重貨幣時，每個人屆時將了解（當人們不再以剪損的五先令當作一枚鑄幣或足重克朗時）購買商品及清償債務的是白銀的數量，而非打在白銀上面的標誌和面額。屆時也將了解透過剪損貨幣對公眾是何等掠奪的行徑。我們貨幣的正常重量每減少一喱對國家就蒙受一喱的損失，這種損失總有一天會被感知到的，且，如果這種現行錯誤行徑不予以理會及迅速制止，我擔心照目前走勢很快爆發惡果；且一舉奪去我們一大部分貨幣（或許將近四分之一）。因為，當被剪損貨幣的增加使其難以換到足重貨幣、當人們開始就足重幣和輕量幣予以不同價值；且不願出售他們的商品，除

非是以足重幣支付，及據此訂約交易時，這種情況將真實呈現。

　　當到了這種地步，讓鄉紳考量他的資產會受到何種侵蝕，在他依據其契約收取以被剪損先令數繳納的地租時，他不能在市場上將這些被剪損先令以高出其重量來使用。且那些賣給他食鹽或絲綢的人，要是他以足重鑄幣支付就以五先令算，若以被剪損貨幣支付則不得低於五先令三便士。此時您看到您的貨幣不需新鑄幣的詭計就提升了百分之五。但此舉是否對王國有利，我留待每一個人來判斷。

　　迄今為止，我們僅考量提升銀鑄幣，及只著眼在同一面額下以較少的白銀打造。然還有另外一種提升貨幣的方法，雖然像先前的方法一樣沒什麼好處，卻多少有些現實考量。我們現在既已論及提升貨幣的問題，對此方法略作討論或許不是沒理由。我所指的提升是藉由法律將（製造貨幣通常使用的）兩種貴金屬其中一種的天然價值提升到相對於另一種而言為高。幾乎在所有年代及所有（使用貨幣）世界各地，金和銀通常被認為是最適於製造貨幣的材料。但世界上這兩種金屬的充裕度存在極大差距，其中一種常被認為比另一種有價值；所以一盎司黃金總能換好幾盎司白銀：目前，我們一基尼（Guinea）幣值二十一先令六便士銀幣，黃金現在比白銀約值十五點五倍；二十一先令六便士銀幣中的白銀是比一基尼金幣的黃金重量多十五點五倍。這就是現在黃金對白銀的市場比率，要是藉由制定法律提高基尼的價格（如二十二先令六便士），基尼的價值確是被提高了，但對王國卻是一項損失。因為藉由這項法律黃金被提到比其天然真實價值高百分之五，外國人發現值得將他

們的黃金送來此地及以百分之五的利潤席捲我們的白銀，我們因而受損百分之五。因為當有如此多的黃金，商人在任何地方只能購到一百盎斯白銀，卻在英格蘭購得一百零五盎司白銀，有什麼能阻止商人帶著他的黃金到這樣一個好市場；且不管將黃金賣到鑄幣廠就能購得如此多，或將其鑄成基尼金幣；然後（帶著他的基尼幣到市場）購買我們的商品，以他每一枚貨幣得利百分之五，或將基尼幣換成白銀並隨其攜出國外？

另一方面，要是藉由一項法律您提升您的銀幣且令四克朗或二十先令銀幣等於一枚基尼金幣，我想基尼是按此比率首次鑄造的，所以透過您的法律一枚基尼應只值二十先令，也會有同樣的不便。因為屆時陌生人將帶入白銀且攜出您的黃金，黃金的價格在此比任何其他地方都低。

如果您說這種不便毋須掛懷；因為，人們一旦發現黃金開始稀少或比法律規定的更有價值，他們就不會在法定比率支用它；正如我們看到的，詹姆士一世時代所鑄造的大硬幣值二十先令，現在沒有人願以低於二十三先令，若根據市價或許更多，去支用它。我承認這是事實，且這也明白坦承，制定一項不能產生預期效果的法律是愚蠢的：一如當您提升白銀的價格，比相較於黃金的天然市場價值高時，也的確同樣不可能：因為屆時我們看到我們黃金的價格將自行提升。但，另一方面，要是您藉由法律將黃金的價值提升至高出其平價，屆時人們不得不以高價接受它，且依低於平價來支用白銀。但，假設您有意提升您白銀相對於黃金的比價就制定一項法律來執行，會有什麼後果呢？如果您的法律有效執行，唯有這個後果，您提升白銀有多高價值，您貶抑黃金就有多低價值（因為它們就

像天平上兩端的兩種物品，一端升得多高，另一端就降得多低），然後您的黃金就被帶出國外給王國造成的損失，明顯和您藉由法律提高白銀及貶抑黃金價值至其天然價值相當。要是您提升黃金對白銀的比價，同樣有這種後果。

我之所以說提升白銀對黃金及黃金對白銀的比價，因為當您想提高貨幣的價值時，姑不論您有什麼幻想，都只能是相對於您以其來交換其他物品而言，唯有當您能以少量金屬鑄成的貨幣換得更多您想要的物品數量才算。

提升這兩種金屬其中一種對另一種的比價，其不良後果及效應，確實容易在提升黃金對白銀鑄幣時很快被察覺，因為您的帳目登錄及計算，全是以鎊、先令及便士這些銀幣的面額或數目為單位；要是令黃金以高於這兩種金屬的自由及市場價值流通，每一個人將容易感受不便。但，既是法律規定，您不能拒絕對黃金付出這麼多的銀幣。人們從您這帶往海外的所有貨幣或條塊都將是白銀，帶進國境的貨幣或條塊都將是黃金。且當您的白銀被提升及黃金被貶抑超過其真正及天然比例（我稱任何沒有法律規定的地方其金銀的天然相對比例或價值），於是白銀被帶進及黃金被攜出國境；對透過法律定下過當的比率之回應仍是王國的損失。人們一旦感覺到危害將（盡其可能）提升他們的黃金至其天然價值。因為您的帳目及契約皆以銀幣面額為之；要是，當藉助法律黃金被提升高於其比例，您不可能拒絕按此比例支付，（就像法律規定一基尼以二十二先令及六便士流通時）您不得不以此比例接受支付。但要是法律規定基尼以二十先令流通，那些擁有基尼的人則不受限以此比率支用，但或許如其所願持有它或以其換得更多（如他能夠的

話），於是由於這樣一個法律就會產生三種情況中的一種。第一，法律強制基尼金幣按二十先令的比率使用，從而讓外國人以此獲利；第二，人們持有基尼且不願以法定比率支用它，因他們知道它的價值比法定的高，從而令您所有的金幣閒置，且退出貿易如同它全數流出王國；第三，它以高於法律允許的價格流通，致您的法律形同具文，倒不如不定還比較好。不論出現哪一種情況，都證明該法律要不有害，要不無效。如果您法律的意圖實現，王國因而受損；如果這種不便被感受及迴避，您的法律則遭擱置。

貨幣是商業的尺度，也是一切物品價格的尺度，因此應予以維持（如所有其他尺度一樣）穩定及盡可能不變，但，要是您的貨幣是由兩種金屬製成，它們彼此間的比例及它們的價格經常在變，這就不可能穩定不變。由於許多原因，白銀是所有金屬中最適作為這種尺度，所以通常當做貨幣來使用。然而要將黃金或任何其他金屬以一種設立的比例令其成為流通法定貨幣，就非常不適宜及不便。這是藉由法律將物品間的變動中價值設定一個比率，這就是辦不到；且正如我已顯示的，只要它通過，凡是實施的國家將受到恆常的毀傷及損害。假設十五比一是現在銀和金的確實平價。什麼法律能令這平價延續下去，致明年或二十年後依然是金對銀的公正價值，及令一盎司黃金剛好值十五盎司白銀既不多也不少？東印度貿易捲走巨額黃金是有可能使歐洲的黃金稀少。或許幾內亞（Guinea）的貿易和秘魯的金礦提供大量充裕的黃金使黃金更充盈；如此一來，黃金對白銀的價值在前一事例中變成一比十六，或在後一事例中變成一比十四。當您周遭的每一處地方都是這種情況時，您

在國內能制定什麼法律來改變這種比例呢？當鄰近國家自由市場的銀和金比例是十六比一時，如果您的法律將之設在十五比一，他們會不願將其白銀運來此地以掠取您的黃金造成您十六分之一的損失？或者，當荷蘭、法國及西班牙其銀對金的市場價值只是十四比一時，要是您維持十五比一，他們會不願將其黃金運來此地以掠取您的白銀造成您十五分之一的損失？如果您同時以金和銀製成貨幣，且藉由法律來設定它們彼此的比率，這種事是無可避免的。

那怎麼辦？（您準會說）您不讓黃金進入英格蘭嗎？或黃金已在此，您不讓其對貿易有用嗎？或絕不讓黃金製成貨幣嗎？我回答說，正好相反。王國應利用其擁有的財富才是正道。您的黃金必須被鑄成有國王標誌的金幣，以保證人們在收受時每一枚有如此多的黃金。但沒有必要以公共權威來給黃金定出一個固定價格：黃金對白銀的比價經常變動，給其定出既定價格是不宜的，讓黃金像其他商品那樣求得其自身的價格。且透過國王的肖像及銘文，金幣就帶著對其重量及成色的公共保證，如此鑄成的黃金貨幣就像您任何其他貨幣幣別一樣，永遠以已知的市價隨時流通。二十基尼金幣雖最初作為二十鎊使用，目前像任何其他貨幣一樣現值二十一鎊十先令，有時比率有所變動還值更多。任何物品的價值或價格，都只是其與某些別的和其競爭之物品相對應的估計，唯有通過其和別的物品某一特定數量相交換的數量才被人知曉。大自然中沒有兩種物品的比例和使用是不變的，所以不可能在它們之間訂下一個恆常不變的價格。在市場上（我指的是藉由買賣就可得到這兩種物品的一般場所）它們其中一種的日益多寡，或實際用途，抑或

該地的變動中時尚，帶來對其的需求多於以往，就會很快改變任何兩種物品的相對價值。您竭力令兩種不同物品維持彼此穩定的價格，就像令受不同原因而變動其重量的兩種物品維持均衡一樣的徒勞。將一塊海綿置放在天平的一端，又放等重的白銀在另一端，要是您因為今天它們是相等，就想像會一直維持下去，就大錯特錯。海綿的重量隨著空氣中濕度的變化有所改變，另一端的白銀就會有時高時低，金和銀其相互間的價值正是這種情況。它們的比例或用途可能有所變化，而且一直在變化，連帶它們的價格也跟著變化。因為其中一方以另一方來估價就猶如放在天平的兩端，當一方升起，另一方就下降，反之亦然。

由賤金屬製成的法丁（Farthing；譯按：值四分之一便士）從此觀之也值得您考量。因為無論何種硬幣您若使之高於其內在價值流通，經常使得到它的大眾受害。但，當下我不會深入探討這個問題。我只願確定：所有流通貨幣都以同一種金屬製成，是每一個國家的利益，不同幣別都由同一種合金排除賤金屬的混合物來製成，且一旦訂下標準就不應違背及改變直至永遠。因為只要改變無論什麼藉口都使公眾受損。

既然提升貨幣不能給我們帶來更多的貨幣、金銀塊或貿易，也不能保住我們在此所擁有的這些物品，也不能阻止我們任何面額的足重貨幣被熔化，王國是出於什麼目的要付出費用新鑄所有我們的貨幣呢？我不認為任何人能提議我們應同時有兩類貨幣，一類較重及另一類在出鑄幣廠時就較輕，這是非常難以想像的。所以，要是所有您的舊幣必須重鑄，這確實是有些好處，且是對鑄幣廠的官員一個極為可觀的好處。因為每

鑄一英鎊的貨幣，他們被允許收取十六點五便士也就幾近百分之五點五的鑄幣費。如果我們的貨幣是六百萬英鎊必須全部重鑄，國家就得付給鑄幣廠三十三萬英鎊。要是被剪損的貨幣不必重鑄，因為它已和您的新標準一樣輕，您不覺得這項新鑄幣的措施如同剪損的性質嗎？

伍、貨幣及鑄幣這行業被某些人視為一項大祕密

有些人且其中也有些非常精明的人認為，貨幣及鑄幣的業務是非常神祕且難以理解。其實它本身並非如此；但，因為有利益關係的人在論及這項業務時，以神祕、曖昧及難以理解的說法來掩飾他們藉以得利的祕密，人們出於對該課題的難度先入為主的觀念，採取除非是能巧之人否則不易參透的態度，致不加檢驗，任其風行。要是他們認真檢視這些論述，探究其中語辭的意涵，就會發現其中大部分不是立論點不實，就是推論謬誤；或（經常出現）其用詞完全沒有語意清晰。要是沒有這些論述，而以日常及直率的語言來表達，則該課題的平易、真實、純正的意涵將極其易於理解。

我將藉由檢驗一本討論此一課題的印刷小冊子標題為《評一篇獻給爵士們及其他人等的論文》來述說其之所以如此。

書評：哪裡以重量計的白銀出價最高，白銀就被帶到哪裡出售，這是確定的：要是每盎司標準白銀在鑄幣廠可換得目前在英格蘭流通的貨幣五先令五便士，當在其他任何地方只能換得五先令四便士同樣的貨幣，白銀確定被送進鑄幣廠；且當被鑄成貨幣就不能以其他銀器被買的同

樣價格出售（因一盎司有一便士的溢價）所以不會被熔
化，至少在以前購買銀器出口比出口貨幣對每一位輸出
者有利，如今購買貨幣出口比出口銀器有利。

回應：該文作者得將這點說到易於理解，為何每盎司標準白
銀，在鑄幣廠可換得目前在英格蘭流通的貨幣五先令五
便士，當在其他任何地方只能換得五先令四便士同樣的
貨幣。其次，為何一盎司有一便士的溢價，所以當被鑄
成貨幣就不能出售？這些話對一般讀者來說，顯得非常
神祕，我也覺得如此，要嘛完全不具任何意義，要嘛沒
有根據，因為，

1. 我請問，當沒有人肯付一盎司標準白銀高於五先令四
便士時，是誰在鑄幣廠肯給五先令五便士？這位是國王或工頭
或任何官員呢？付出五先令五便士買到只能有五先令四便士收
益的東西，對任何人來說，就是多付其所值的六十五分之一。
因為每樣物品值多少就能得多少。我看不出這件事如何對國王
有利或任何人可以負擔。

2. 我請問，如何能讓一盎司有一便士的溢價，致其不能
出售？這句話是如此神祕，致我認為其幾近不可能。因為相同
數量的標準白銀常等值於相同數量的標準白銀。令六十四份
標準白銀等值於六十五份標準白銀是完全不可能；如果其有任
何意義，就是指一盎司白銀有一便士的溢價。確實，透過工藝
或許能讓六十四盎司標準白銀不只值六十五盎司，且值七十或
八十。但，鑄造，這是一切工藝之所在，由一項稅賦予以支
付，我看不出它到底如何能算進去；要是能算進去，則必須每
五先令四便士的鑄幣升至五先令五便士。如果我送六十四盎司

標準白銀塊到鑄幣廠去鑄成貨幣，我能否再取回六十四盎司鑄幣呢？如果是，這六十四盎司標準白銀鑄幣可能值六十五盎司同樣標準未鑄的白銀；當鑄幣費不收我分毫，我只須走進鑄幣廠就能使六十四盎司標準白銀塊換成鑄幣？在英格蘭鑄造費低廉到不收分文，確實讓貨幣比任何別處更快被送進鑄造廠：因為在鑄造廠我很方便不費分文將白銀塊變成貨幣。但此舉不會讓貨幣比整個銀塊更能留在英格蘭，也不會阻止貨幣被熔化；因為鑄幣沒比銀塊多花費用；這無論您同一面額的硬幣，比其以前輕些、相當或重些都一樣。待這些都解釋清楚後，就很容易看出同一段話所提的其他事物，特別是購買銀器出口比出口貨幣對每一位輸出者有利這句話究竟是否屬實。

書評： 僅只是斷言，要是白銀在鑄幣廠被提價，它在別處也將提價高於此；但直至其被試行，是永遠不得而知的。

回應： 該書作者在前一段告訴我們說一盎司白銀在鑄幣廠僅值五先令二便士，在別處則值五先令四便士。這句話有多真或有什麼害處，我在此不願檢驗。但不論其害處為何，作者提議用提升貨幣作為補救之方，且對那些說提升我們的貨幣勢將提升白銀價格的人作如下的回答，是否這樣，除非試過以後，不然永遠不會知道。我對此的回應是這種事情不須試行，就確定其必然如此，就像昨天兩塊相同重量的白銀，明天在同一天平上，仍舊有相同重量一樣。

（我們的作者說）一盎司白銀（即四百八十喱）將換得五先令四便士（即四百九十六喱）我們標準白銀的鑄幣。明天您鑄造您的貨幣輕些，致五先令四便士只有四百七十二喱標準白

銀在鑄幣內。則一盎司白銀今天換得四百九十六喱標準白銀的
鑄幣，是否明天只能換得四百七十二喱同樣標準白銀的鑄幣，
不須試過就不能知道嗎？或任何人能想像四百八十喱同樣的白
銀今天值四百九十六喱我們的銀鑄幣，明天只值四百七十二喱
同樣略有差別的銀鑄幣嗎？那些對此有所懷疑，得試過才信的
人，或許也會對同一物品要求進行測試，以證明是和其本身
同重或相同。我認為四百七十二喱白銀與四百九十六喱白銀等
重，和一盎司白銀今天值四百九十六喱標準白銀，在一切情
況都維持原樣，只不過是硬幣被標誌著不同重量，明天只值
四百七十二喱同樣標準白銀是那樣的清楚：這正是我們的作者
在說，僅只是斷言等等所要說的話。我對此所說的，也可當作
下一段話的回應。我只渴望要注意到，該作者似乎在暗示英格
蘭和外國的部分不同，白銀不是以重量來運行的，這是一個非
常危險及錯誤的立論點，且如果其被採納，可會讓人們隨意在
我們的鑄幣廠侵蝕及貶低我們的貨幣成色。

書評：我們的貿易一向有盈餘帶回國內金和銀，這是事實；但
我不認為我們從任何地方都帶回比我們現在對其所輸出
要多的貨品。也許有更多的貨品可送往這些地方；但由
於白銀在世界的這一部分有很高的價值，出口白銀所得
貨幣，比輸出任何其他物品來得更多，這就是理由。貨
幣被熔化及送往國外正是因為它太重，這是他們的文章
所不否認的。

回應：（該書的作者告訴我們說）他不認為我們從任何地方帶
回比我們現在對其所輸出要多的物品。

但願他告訴我們他奇想的由來。因為任何國家的貨幣不會

因任何私人毫無根據的奇想而立即有所改變，我想這個論點對許多人不會有什麼份量。我大膽稱其為毫無根據的奇想：因為假如該作者願意回想，我們為了從東印度群島購消費商品回國內，每年運出大筆貨幣到那裡（雖然我必須承認此舉也對我們有利），或如果他檢驗僅僅兩種完全在國內消費的商品（我指的是加納利〔Canary〕甜白葡萄酒和醋栗）每年花費我們多少的貨幣，遠比我們以貨品出口至加納利群島（譯按：西班牙屬地，位於非洲西北岸）和桑特（Zant；譯按：希臘的一個島）多得多；除此之外，我們在好幾處別的地方有貿易逆差，該作者就沒理由說他不認為我們從任何地方帶回比我們現在對其所輸出要多的物品。

至於該作者所說，有關我們的貨幣被熔化及出口到國外是因為它太重這句話。要是他說的重是指我們的克朗硬幣（及其餘與之同比的幣別）比他想要鑄造的鑄幣重二十三或二十四喱：就這一點，無論誰承認它，我都有實據來否認，我想當經過一番檢驗，將被發現是如此清楚及顯然。

確實，為了因應從外國進口的貿易逆差，而造成您海外的債務需要您的貨幣，那些具有十足標準重量的足重貨幣被熔化及運走是一定的，因為外國人以您的白銀而不是您的標誌或面額來計價。

該作者要清楚告訴我們，白銀在世界的這一部分有很高的價值是什麼意思，因為它視其為我們貨幣現在比以往流出多的一個原因；否則他大可刪掉「這一部分」，且要是他的「世界的這一部分」指白銀在英格蘭有很高的價值，使得白銀流出英格蘭就毫無意義。要是他指英格蘭鄰近的國家，他應說出來，

不要含糊的說世界上的這一部分。但，就算他用世界上的這一部分隨其所要指的地方，我敢說每一個人都同意，白銀在本國的價值不比在世界任何其他部分高；在這個世代也不比我們祖父時高。

要是書評的作者告訴我們說，輸出白銀比輸出任何能送出的其他物品獲得更多的貨幣，這句話為真，我就要難過。這是我們帶回國內的貨品比我們出口多的明證。因為，除非發生這種事情且令我們在海外負債，白銀是不會被輸出的；人們的盈餘利得常以白銀貯存，故將以白銀帶回國內，所以我們的人民和世界上這一部分的任何人一樣重視白銀。

實際情況簡短來說，就是每當我們貿易失利欠我們鄰國債務，他們對我們的白銀給予很高的價值，致透過運出白銀比任何能送出的物品獲得更多的貨幣：情況就是如此。設想他們貿易上有順差（是否由於胡椒香料及其他東印度商品的出售都不重要）我們在這兩或三個月內從荷蘭收到大量的貨品，卻很少貨品送往那裡，所以英格蘭和荷蘭聯邦省的居民之間在結算經常帳時，我們英格蘭欠荷蘭他們一百萬鎊：接下來會怎樣呢？如下：這些荷蘭債權人想要取回該是他們的債款，就下令他們在此的經銷商及往來戶，將債款還給他們。我們在探討貿易產生順差的效果為何時，我們不能認為他們會投資他們的債款在商品上並將其運回。屆時一百萬鎊得從英格蘭運回荷蘭，每一個人都在找尋匯票，但英國人在荷蘭沒有可以支應這一百萬鎊或任何其中少部分的債款，就得不到這種匯票，這很快將匯率提得很高，於是可調配大量貨幣及金銀塊的銀行業者及其他人等就以硬幣運往荷蘭，先在此收取貨幣，再以他們的匯票在荷

蘭付款，按匯率讓他們有百分之五、十、十五等的利潤：如此一來，有時候一枚我們五先令的鑄幣，確實在荷蘭可值五先令三便士、四便士、六便士、九便士。如果這就是白銀在世界上這一部分有很高的價值，我輕易認同他這句話。但要消弭這種高價不是透過更改我們鑄幣的方式，而是藉由規範及平衡我們的貿易。因為，不論您的鑄幣是什麼，只要我們的鄰國在貿易上擁有順差，不僅重視我們的白銀還要得到它；這正是輸出白銀比出口任何其他能夠送出的物品獲得更多貨幣。

書評：西班牙和葡萄牙的更改鑄幣方式與此完全不同，因為，他們更改鑄幣面額幾近一半來欺騙那些被給付的人：他們欠人一盎司白銀只付半盎司。但在本國所規劃的更改是欠誰一盎司白銀就以這種貨幣償付一盎司；本國只意圖一盎司貨幣在國內和國外都等於一盎司白銀的價值，現在卻不是這樣。

回應：該書評作者在這一段坦承西班牙和葡萄牙的更改硬幣是一騙局；但他說本國所規劃的更改則不然，而他給的理由卻令人嘆賞：因為他們那裡更改硬幣的面額幾近一半，而國內所更改的面額只有百分之五，無論如何規劃，實情就是如此。似乎更改百分之五十是一騙局，而百分之五則不是，或許是因為不易被察覺。藉由這項新鑄法自以為可以完成的兩件事，我擔心兩者都落空，即

1. 欠誰一盎司白銀，就以這種貨幣償付一盎司白銀。因為，當一盎司白銀如建議的被鑄成五先令五便士時（這使我們的貨幣比目前的輕百分之五），那我每年收取一百英鎊自由耕地地租，是收取一百零五英鎊，或僅收一百英鎊新鑄貨幣？

我想不能說一百零五英鎊，因為要是法律規定是一百英鎊，租地人確定不願多付給我。要是您四百克朗或兩千先令新鑄貨幣不意謂等於一百英鎊，而必須在每一百英鎊之外再加百分之五的數量，那您負擔了新鑄幣的費用卻達不到目的，徒增困擾。要是我必須接受一百英鎊這種新鑄貨幣，作為我自由耕地的地租，就表示我損失了我應得的白銀百分之五盎司。該作者在下面也稍作坦承說，那收取永不能增多的不可增益地租（Rent-Sec；譯按：此與一般地租的不同，是地主不得沒收佃農的財產來償付未付的地租）的人就多少會受到影響，但因很小，以致甚少會被感覺得到，這裡的很小是百分之五。如果一個人被騙得如此之小以致他感覺不到，就沒什麼關係。但，這種損失將不僅影響類似永不能增多的地租，還將影響我們貨幣更改以前所簽訂的所有支付。

　　要是真如該作者所宣稱的一盎司貨幣在國外等於一盎司白銀的價值，在國內則不然，那這項措施的這一部分也將落空。因為我否認我們貨幣的標誌會使其在國內比在國外貶值更多，或使我們貨幣中的白銀不等於其他各地同等重量的白銀價值。該作者理應弄明白這些事情，不能僅憑一向簡單的斷言留下如此之大的悖論。

書評：至於本法案所說阻止輸出，只涉及保有我們自己的硬幣及金銀塊，一切外國的硬幣及金銀塊仍可輸出。

回應：該作者所說我們自己的和外國的金銀塊，指的是什麼需要一些說明。

書評：現在沒有以足重及鑄幣廠製造的貨幣來支付這回事。

回應：我相信城鎮中很少人會經常不收取一枚鑄幣廠製造的

克朗當五先令及一枚鑄幣廠製造的半克朗當兩先令六便士。但，我假設該作者指的，是不以鑄幣廠製造的貨幣來支付大筆金額。但，我請問，要是所有被剪損的貨幣都被召回，屆時所有的支付是否不用足重貨幣；要是不被召回，如果被剪損的貨幣比您鑄幣機製造的新幣輕，那鑄幣廠製造的新幣是否和鑄幣廠製造的舊幣同樣不被熔化？我認為該作者在那句話已坦承這點，不然我實在不明他何所指。

書評：此舉絕不會阻斷貿易，因為貿易會找到其自己的途徑；任何國家的貨幣面額與它無關。

回應：所有國家給予一定重量的貨幣以面額都涉及貿易；更改面額必然給貿易帶來干擾。

書評：因為若是如此，這就有鑄造更多貨幣的機會。

回應：該作者說的好像隨時能鑄造更多貨幣。用什麼來鑄造？從已成鑄幣的貨幣或從金銀塊？我很樂意知道這些用來鑄幣的材料在哪裡。

書評：這對願冒險熔化硬幣的人或許有些利得，但那些被付以新鑄幣的人有極小的損失（如果有的話），那任何人收取永不能增多的不可增益地租的人會受到點影響，是無可否認；但影響如此之小，致甚少會被感覺得到。

回應：熔化硬幣會有多少利得，被付以新鑄幣的人就有多少損失，即百分之五，我假設這超過該作者所願承受的損失，除非他從別處得到補償。

書評：要是所規劃的變更使我們本國商品變貴。

回應：該作者在此處坦承，一旦您的貨幣成比例提升，其他物

品的價格也同樣被提高。但做了些修正，他說

書評：物品價格的上揚，同時也使生產這些物品的土地在價值
　　　　上提升得遠勝於此。

回應：在價值上提升得遠勝於此，這句話是該作者一直說不清
　　　　楚或任何旁人也無法替他說清楚。

　　物品的價格經常是藉由與其交換所付的白銀數量來估計
的。要是您使您的貨幣重量變少，就必須以數量補足。提升貨
幣及提高土地價值的大祕密就在於此。例如，布拉克艾克勒
（Blackacre；譯按：為英國舊法律書中指一片田產的泛稱，
非實有此地）的莊園昨天報價十萬克朗，該克朗硬幣我們假
設以四捨五入每一枚重一盎司標準銀。今天您的新鑄幣登場比
舊鑄幣輕百分之五，您的貨幣提價了：現在出售土地可得十萬
五千克朗正好是同樣十萬盎司標準銀，土地也提價了。這豈非
公眾該為鑄新幣費付一萬鎊以上，其令您的商業都失序的可讚
嘆發明？為了推薦這項新發明，您被告知一個天大祕密，要是
貨幣不日復一日的提升其面額，土地也就無從提價……這就是
說，您的貨幣要是不鑄輕一點，較少的硬幣就買到現在較多貨
幣所買的土地。

書評：上述提及的支付損失絕沒大到，致債權人現得被迫接受
　　　　以目前流通的貨幣予以熔化，來清償其債務，所以就此
　　　　點而言，他們沒有理由抱怨。

回應：非常絕妙的論說！剪損貨幣的人已掠奪了大眾可觀部
　　　　分的貨幣（人們遲早會在他們收到的支付中發現這種狀
　　　　況），且竟有人渴望鑄幣廠或有機會搶先占債權人的便
　　　　宜，這些遭受損失的人還被告知他們沒有理由去抱怨，

因其損失不像別的那麼大。剪損貨幣既已造成大眾的傷害，我說不出這最後會落在誰身上。那些收到被剪損貨幣的人，由於不到被迫將其熔化之時，尚沒受到任何損失。當被剪損貨幣不再換得足重貨幣時，那些手上擁有被剪損貨幣的人就受到損失。

書評：此舉使關稅更好被繳納，因為有更多的貨幣。

回應：貨幣在數目上會更多，這是可能的；至於貨幣在重量及價值上會更多，該作者應提出證據。屆時，不論關稅情況變成怎樣（我沒有聽說現在有人不繳關稅），國王在貨物稅上每年將損失三萬英鎊以上。因為依法以多少鎊、先令或便士計算所應繳納的所有稅賦中，國王都將損失百分之五。該作者在此，一如其在別處，給出了很好的理由，因為國王是以這類貨幣的數目支出和收受，對他完全沒有損失。

　　這就像我收受的地租是以貶值百分之五的貨幣足數繳納，對我沒造成多大損失，因為我會足數將其付出去。試將其貶值百分之五十，其中的差別只在後者成色降的比前者多，會引起更多的雜音。但，我們這位作者在這個問題的遁辭，是不會被感覺到。

書評：如果這新款貨幣被送出去購買外國商品，我們同意一百鎊這類貨幣不能比現在鑄造的一百鎊克朗硬幣所買到的白銀或其他商品多；因為克朗幣比較重，且在任何王國所鑄造的所有硬幣只以重量計算；而等量的白銀在任何地方都買到等量的白銀，因此也買到同樣數量的商品。要是這些貨品在英格蘭本地較之前貴了百分之五，卻只

賺得到同樣的貨幣（我們指的是以國外按盎司計的貨幣），同樣的貨幣被帶回國內並在鑄幣廠予以鑄幣，將給進口者比前多出百分之五，因此，對貿易商完全沒有損傷。

回應： 該作者在這裡面對真理被迫坦承兩件事情，顯示本計畫的浮誇及無用。

1. 您硬幣的改變，外國貨品隨之調漲。

2. 您自身貨品既比以前貴百分之五，所有類型的貨品也就隨之調漲。當一盎司標準銀與提升您的貨幣連在一起，無論如何鑄造，標誌或賦予面額，都不能買到比前多的商品。這項坦承也證明，在鑄造貨幣的王國裡，貨幣不是以重量計，也就是不是以重量來定價值，這種危險的假設是多麼謬誤。

書評： 白銀的擁有者將為白銀找到一個好市場，且沒有其他人受傷害，這可是千真萬確；但，相反的，使貨幣充裕對所有人都有利。

回應： 要是您的貨幣真的升值百分之五，白銀的擁有者透過送白銀進鑄幣廠製造鑄幣可多得這百分之五，我同意這是千真萬確。但，正如作者坦承（在提升您貨幣時）商品價格隨之也將調漲百分之五。這種改變除對鑄幣廠的官員及貨幣貯藏者外，對任何人都沒好處。

書評： 當標準銀最近一次在鑄幣廠被提值時（這是在伊莉莎白女王四十三年，每盎司標準銀從五先令提值到五先令二便士）此後超過四十年，未鑄幣的白銀每盎司從未值超過四先令十便士，致造成大量鑄造幣；在這些日子裡，沒有貨幣被出口；而今白銀在鑄幣廠仍每盎司僅值五先

令二便士，在別處早值五先令四便士。所以如果本法案目前沒在上議院通過，將不再有任何白銀在鑄幣廠內被製成鑄幣，且所有鑄幣機製造的貨幣將在極短時間內多被銷毀。

回應： 在伊莉莎白女王時代及以後之所以鑄有這麼多的貨幣，不是由於將您的克朗硬幣從四百八十喱降至四百六十二喱，及您其餘貨幣都等比下降（這正是該作者宣稱每盎司標準白銀從五先令提升至五先令二便士），而是來自您貿易的順差，然後帶回充裕的金銀塊，並將其保持在國內。

標準銀（要是該作者說的是其他白銀，這是一種謬誤）如何在鑄幣廠與其自身重量等值（也即每盎司五先令二便士）卻在倫巴德街（Lombard street）又值高於其本身的重量（即每盎司五先令四便士）是一種悖論，我想，沒有人能理解，除非有很好的解釋。要是標準銀的價值由於鑄幣而降低，這是停止鑄造貨幣的時機；要是一盎司標準銀鑄幣不多加十五或十六喱標準銀，就不能換得一盎司未鑄成硬幣的標準銀，那情形真是如此，當該作者說，白銀在別處都值五先令四便士時，只能如此來理解他的話。

該作者必須允許在鑄幣廠鑄成的五先令四便士貨幣最少得四百九十五喱白銀。但一盎司白銀只有四百八十喱，然而一盎司未鑄成硬幣的標準銀如何能值五先令四便士（即四百八十喱未鑄成硬幣的標準銀如何能值四百九十五喱同樣標準銀鑄成的貨幣）是難以理解的，除非我們鑄幣廠的鑄幣降低了標準銀的價值。

閣下，

硬幣及利息這兩件事對公眾而言，是如此的事關重要及在貿易上是如此的茲事體大，致對其進行改變的任何提議，都該予以非常精準的檢驗及非常仔細的權衡。我不自認為在此如您祈望的將這兩件事處理妥當。這種差事必須出自能手才行。由於您的垂詢，我已就這些議題表達淺見。且，我希望我倉促應命，錯誤之處在所難免，祈您見諒，謹此保證文責當自負。

敬呈　閣下

您最謙卑的僕人
約翰・洛克

約翰‧洛克年表

年代	生平記事
1632	8月29日生於英格蘭西南桑默塞特（Somerset）郡的威靈頓（Wrington）市。
1647	受父親的友人，時任議會議員的波范姆（A. Pophan）的資助，赴倫敦西敏中學（Westminster School）就讀，掌握當時的學術語言拉丁文。
1650	獲敕定獎學金（King's Scholar），用以購置希臘、拉丁古典著作家的作品。
1652	11月入牛津大學基督教會學院（Christ Church）就讀，以拉丁文寫筆記，內容涉及邏輯學、希臘辯論術、詞源學。
1654	為慶祝英國戰勝荷蘭，寫拉丁詩、英文詩各兩首獻給克倫威爾（O. Cromwell）護國公（Lord Protector），由基督教會學院院長編入學校的專集出版。 開始寫拉丁文筆記《萊姆瑪達》（*Lemmata*）六篇，主要是有關大自然法則的問題。
1656	2月獲牛津大學文學士學位。
1658	6月獲牛津大學碩士學位。
1660	12月在牛津大學任講師，教希臘文。繼續撰寫《萊姆瑪達》筆記，針對胡克（R. Hooker, 1553-1600）所著《宗教政治的法律》（*Laws of Ecclesiastical Polity*）其中關於國家干涉宗教事務的看法。
1661	父親過世，繼承土地，有自己的土地收入。
1662	在牛津大學改教修辭學。寫就《查理二世皇帝和葡萄牙公主的婚禮》長詩。
1663	與化學家波以耳（R. Boyle, 1627-1691）漸成好友，並和波以耳的德國學生史塔爾（P. Stahl）合作，利用波以耳的實驗室進行化學、氣象實驗。

年代	生平記事
	閱讀荷蘭斯賓諾莎（B. Spinoza, 1632-1677）新著《笛卡兒哲學原理附形上學的沉思》 撰寫〈自然法〉（Questions Concerning the Law of Nature）筆記九篇。 12月擔任牛津大學道德學學監（Senior Censor）一年。
1664	3月英國皇家學會（Royal Society）開始出版《哲學學報》，載有洛克關於氣象的觀察報告。 從這年起，洛克每年土地收入為240英鎊。
1665	11月以祕書身分，隨英國駐勃倫登堡選帝侯國的使節萬奈爵士（Sir W. Vane）赴德國克萊弗（Cleves）協助處理有關英荷戰爭的交涉。
1666	2月，離職返牛津大學領獎學金，從事研究工作。 6月進行有關氣體的筆記。 結識艾胥利勛爵（Lord Ashley, 1632-1688），即後來第一代沙夫茨伯里伯爵（The 1st Earl of Shaftesbury）。 9月前往倫敦，參與去年倫敦鼠疫及倫敦大火善後援救工作。
1667	結識名醫席頓罕（T. Sydenham, 1624-1689），協助其蒐集有關天花的資料。 擔任艾胥利勛爵的私人醫生、祕書，朝夕相處，每年領100英鎊。旋即勛爵入閣任財政大臣，洛克開始留意經濟、財政問題。 撰寫有關宗教容忍的筆記，今存四種。
1668	11月23日被皇家學會接納為會員，並任「實驗考察指導委員會」十一位委員之一。 撰寫《對降低利率及提高貨幣價值之後果的一些考量》（*Some Considerations of the Consequences of the Lowering of Interest and Raising the Value of Money*）。

年代	生平記事
1669	6月替勛爵給其在北美殖民地卡羅萊納州（Corolina）的領地起草《卡羅萊納政府基本憲法》其中有賦予無神論者信仰自由，但未被1975年領主會議採納。
1671	6月至秋季，洛克對經常聚會討論科學、神學、哲學問題的朋友進行兩次有關人類悟性的報告。
1672	艾序利勛爵受封為沙夫特思貝里伯爵，且任大法官（Lord Chancellor）。洛克協助其處理有關牧師舉薦方面的事宜，年俸300英鎊。 沙夫特思貝里伯爵創辦綠絲帶俱樂部（Green Ribbon Club），聚集反對派貴族討論政局。旋即失寵於查理二世國王，也被解除大法官職位。
1673	10月沙夫特思貝里伯爵改任貿易和移民委員會主席，洛克轉任該委員會祕書，年俸600英鎊。
1675	3月貿易和移民委員會撤銷，洛克回牛津大學，繼續進行研究工作。且取得牛津大學醫學學士，雖可掛牌行醫，但未執業。 11月因積勞成疾，接受席頓罕勸告，赴法療養，由年輕的牧師沃爾斯（G. Walls）陪伴，成忘年交。
1676	在法國勤習法語，不久返英。
1677	3月擔任英國準男爵卜克斯（John Banks）孩子的旅行導師前往巴黎。
1678	結識為抗拒世俗名利及抗爭王權教權出名的皇港修道院（Port-Royal des Champs）學者特艾納德（N. Thoynard, 1628-1706）並成為密友，雙方書信往來，洛克給特艾納德的信，今存五十八封，法文、拉丁文兼有。且由特艾納德陪同，參觀科學、學術機構。 7月離開巴黎南行，對封建專制統治下的法國農村凋敝留下深刻印象。

年代	生平記事
	在里昂，有德國青年布朗諾瓦（S. Brownover）作伴，從此作為洛克的僕人、助手、祕書。
1679	5月英國議會反對派在反政府鬥爭中取得優勢，輝格黨（Whig）成形。洛克應沙夫特思貝里伯爵之召返英，續任伯爵的祕書。
1680	年初，根據考察法國農業所得的材料，撰寫《有關葡萄及橄欖的生長和栽培的報告》（*Observations on the Growth and Culture of Vines and Olives*），呈沙夫特思貝里伯爵，當即由倫敦檔案局出版。 2月，離開牛津大學，回桑默塞特郡老家，結識堂妹夫克拉克（E. Clerke, 1651-?）
1681	開始撰寫《政府論兩篇》（*Two Treatises of Government*）。結識達瑪麗斯・古德沃爾茲（Damaris Cudworth），她為劍橋柏拉圖派哲學家古德沃爾茲（Ralph Cudworth）的女兒，基於在哲學上的共同興趣，使兩人初識即相知，並以菲蘭德及菲羅克莉亞（Philander & Philoclea）互稱。在七年裡，僅後者給前者的深情信件就多達四十封，現存牛津大學。
1683	由於1682年輝格黨失勢，又捲入刺殺查理二世的陰謀，沙夫茨伯里伯爵倉促逃往荷蘭，英國國內政治審判案件接連發生，洛克考慮其與伯爵及輝格黨的密切關係，會受波及，開始準備逃亡，將一些稿件轉移。 9月7日，由布朗諾瓦陪同去荷蘭，從鹿特丹上岸，再轉往阿姆斯特丹，開始流亡生活。期間經常給堂妹夫克拉克寫信，談醫道、養生、處世，更多的是對克拉克女兒伊麗莎白成長的關心。這些信的內容構成《教育漫談》（*Some Thoughts Concerning Education*，1693年初版）。

年代	生平記事
	冬季，在阿姆斯特丹，開始撰寫《人類悟性論》（*An Essay Concerning Human Understanding*）。克拉克將盤纏轉匯至此，洛克生活得以安頓。沙夫茨伯里伯爵客死於此。
1684	5月與巴黎皇港修道院學者特艾納德中斷兩年連繫後，由特艾納德主動接觸，兩人恢復魚雁往來。 8月洛克晉見拿騷親王（Van Oranje-Nassau）。主僕二人遍遊荷蘭各大城小鎮，訪問大學、圖書館，參觀教堂、名勝、古蹟，給洛克對新興的資產階級國家其思想開放及繁榮景象與法國的頹廢有鮮明對比。 11月牛津大學基督教會學院取消其研究員資格。
1686	5月英荷有關政治犯引渡交涉結束，荷蘭拒絕英國的要求，洛克開始公開在社會上活動。 以拉丁文撰寫《論宗教寬容的信》（*Epistola de Tolerantia*）寄給林博爵士（P. Van Limborch）。
1687	1月接受一位英國僑商、藏書家佛里（B. Furly, 1836-1714）的邀請從阿姆斯特丹移居鹿特丹。 完成《人類悟性論》。
1688	夏季，克拉克與洛克一同晉見拿騷親王。 11月拿騷親王率軍入英。
1689	2月，洛克結束五年來的流亡生活，隨拿騷親王的妻子瑪麗二世（Mary II）返英。 3月，在第八代龐布羅克（Pembroke）爵士的沙龍，結識來倫敦參加國會的科學家牛頓（Sir Isaac Newton, 1643-1727）。 洛克擔任上訴法院專員（Commissionor of Appeals），年俸200英鎊。
1690	9月牛頓開始和洛克通信，討論的內容以《聖經》、宗教信仰多於科學見解。

年代	生平記事
	11月收到牛頓寄來研究《聖經》的材料討論《以斯拉記》、《尼希米記》。
1691	11月本書《論降低利息和提高貨幣價值的後果,一封致國會議員的信》於倫敦出版。 編輯拉丁文、英文對照《伊索寓言》(*Aesop's Fables*),供兒童學習。
1692	夏季,撰寫《論宗教寬容的信,第三封》。
1693	9月收到皇家學會祕書、博物學家史隆(H. Sloane, 1660-1753)寄來的各地活動情況材料,洛克去函致謝。洛克去世後,史隆將洛克手跡獻大英博物館保存。 牛頓來信稱洛克為霍布斯分子(a Hobbist),洛克諒其健康不佳,只委婉解釋,從此兩人疏遠。
1695	《再論提高貨幣的價值》(*Further Considerations Concerning Raising the Value of Money*)、《基督教的合理性》(*The Reasonableness of Christianity*)陸續在倫敦出版。
1697	應摯友達瑪麗斯,現為瑪珊夫人(M. Masham)之邀住進埃塞克斯(Essex)郡離倫敦三十公里的奧提斯(Oates),夏秋兩季到倫敦辦公。 原僕人布朗諾瓦轉任化學家波以耳的辦事員,改由奇卜林(T. Kiplin)擔任,不久再改由多林頓(J. Dorington)擔任。
1698	原將《教育漫談》翻成法文的法國青年考斯特(P. Coste)成為洛克的祕書。
1700	6月洛克因健康關係,辭去公職。
1702	撰寫《論神跡》(*A Discourse of Miracles*)。 撰寫《新約‧保羅書》的摘要和注釋(A Paraphrases and Notes on the Epistles of St Paul to the Galatian),於1705年在倫敦出版。

年代	生平記事
1703	以《新約‧保羅書》注釋請牛頓提意見。
1704	4月寫遺囑，指定柯林斯（Collins）及侄子金（Peter King）為遺稿保管人。 撰寫《論宗教寬容的信，第四封》（殘篇）。 10月28日死於埃塞克斯郡萊佛高地（High Laver）。 彌留之際，考斯特、金及瑪珊夫人隨侍在側。 一生未婚，遺產估計在兩萬英鎊、藏書五千冊、大量手稿、信札（約三千封）、日記、筆記等。

索 引

經典名著文庫153

論降低利息和提高貨幣價值的後果
Some Considerations of the Consequences of the Lowering of Interest and Raising the Value of Money

作　　　者 —— 約翰·洛克（John Locke）
譯　　　者 —— 李華夏
發 行 人 —— 楊榮川
總 經 理 —— 楊士清
總 編 輯 —— 楊秀麗
文 庫 策 劃 —— 楊榮川
主　　　編 —— 侯家嵐
責 任 編 輯 —— 吳瑀芳
特 約 編 輯 —— 張碧娟
封 面 設 計 —— 姚孝慈
著 者 繪 像 —— 莊河源

出 版 者 —— 五南圖書出版股份有限公司
　　　　　　　地　　　址 —— 台北市大安區106和平東路二段339號4樓
　　　　　　　電　　　話 —— 02-27055066（代表號）
　　　　　　　傳　　　眞 —— 02-27066100
　　　　　　　劃撥帳號 —— 01068953
　　　　　　　戶　　　名 —— 五南圖書出版股份有限公司
　　　　　　　網　　　址 —— https://www.wunan.com.tw
　　　　　　　電子郵件 —— wunan@wunan.com.tw
法 律 顧 問 —— 林勝安律師事務所　林勝安律師
出 版 日 期 —— 2022年3月初版一刷
定　　　價 —— 220元

國家圖書館出版品預行編目資料

論降低利息和提高貨幣價值的後果 / 約翰·洛克 (John Locke)
著；李華夏譯. -- 初版. -- 臺北市：五南圖書出版股份有限公
司, 2022.03
　　面；公分
譯自：Some considerations of the consequences of the
　　　lowering of interest and raising the value of money
ISBN 978-626-317-536-5(平裝)
1.CST: 利率　2.CST: 貨幣政策　3.CST: 英國
562.32　　　　　　　　　　　　　　　　　110022824